노래하고 막노동하던 최 사장,
**어떻게 2년 만에
억대 매출
공인중개사가
됐을까?**

월 1,000만 원 버는 부동산 에이전트의 실전 노하우
노래하고 막노동하던 최 사장,
어떻게 2년 만에 억대 매출 공인중개사가 됐을까?

초판 1쇄 인쇄 2018년 12월 7일
초판 1쇄 발행 2018년 12월 14일

지은이 최병욱

발행인 백유미 조영석
발행처 (주)라온아시아
주소 서울시 서초구 효령로 34길 4, 프린스효령빌딩 5F

등록 2016년 7월 5일 제 2016-000141호
전화 070-7600-8230 **팩스** 070-4754-2473

값 14,500원
ISBN 979-11-89089-53-5 (03320)

라온북은 독자 여러분의 소중한 원고를 기다리고 있습니다. (raonbook@raonasia.co.kr)

월 1,000만 원 버는
부동산 에이전트의 실전 노하우

노래하고 막노동하던 최 사장,

어떻게 2년 만에 억대 매출 공인중개사가 됐을까?

최병욱 지음

RAON
BOOK

초보 공인중개사에게 길잡이가 필요하다

대한민국의 공인중개사 수는 42만 2,957명이다(2018년 12월 현재, 원서 접수 361만 9,373명). 국가 공인자격증 중 운전면허증을 제외하고 많이 발급된 자격증이다. 공인중개사 자격증의 과다 배출로 개업 공인중개사가 급증하면서 포화 상태에 이르렀다. 2018년 6월 말 기준 전국의 개업 공인중개사는 10만 5,269명으로 2014년보다 24.2% 증가했다.

왜 공인중개사 자격증을 취득하려고 하는가? '부동산 중개업은 특별히 어려운 일이 없다고 생각해서' '중개업으로 수익을 내는 것이 쉬워 보여서' '돈을 많이 벌 수 있을 것 같아서' '경력 단절 주부라도 자격증만 있으면 쉽게 시작할 수 있어서' '노후에 정년 없이 일할 수 있어서' 등 이유는 끝이 없다. 하지만 대한민국 어느 자영업이나 같은 상황이겠지만 부동산 중개업의 현실은 그렇게 녹녹하지 않다.

한국공인중개사협회가 지난해 회원 1만 5,000명을 대상으로 설문 조사를 한 결과 73.5%가 연 매출액 4,800만 원 미만이라고 답했다. 임대료, 인건비, 광고비 등 고정지출을 고려하면 한 달 수입이 100만 원도 안 되는 사업자가 상당할 것이라는 예측이다. 과도한 경쟁으로 문을 닫은 공인중개사 사무실은 2017년 1만 4,903명에 이르렀고 2018년 상반기만 해도 8,191명으로 증가하는 추세다.

사람들은 공인중개사 자격증을 취득하면 어떻게든 잘될 것 같고, 부족한 점은 현장에서 배우면 된다고 생각한다. 공인중개사 자격증은 부동산 중개업을 제도권 안에서 합법적으로 운영할 수 있는 자격을 취득한 것일 뿐 자격증이 있다고 해서 자동으로 매출이 나오지는 않는다. 또한 현장에서는 소속 공인중개사들에게 중개업 노하우를 가르쳐주지 않는다. 성심성의껏 가르쳐주었다가 능숙해지면 일을 그만둘지도 모르기 때문이다. 그래서 중개업 현장에서는 소속 공인중개사보다 공인중개사 자격증이 없는 중개 보조원을 선호한다.

이 책은 부동산 중개업이라는 이론적인 부분보다 먹고사는 생계유지를 위한 중개업에 더욱 초점을 맞추고 있다. 나아가 상위 매출 공인중개사가 되기 위한 구체적인 방법을 다양하게 소개하고 있다. 공인중개사를 시작하려는 사람, 공인중개사 사무실을 운영 중인데 매출 부진으로 힘들어하는 사람이라면 꼭 한번 읽어보기를 권한다.

(주)네오비 조영준 대표이사

1인 기업가,
부동산 에이전트가 돼라

개업 2년 만에 목표한 매출 2억 원을 달성하고 보니 처음 1년이 참으로 아쉬웠다. 공인중개사 사무실을 개업하고 가장 중요한 1년간을 허비했다는 생각이 든다. 1년 동안 허비한 시간과 기회비용을 돈으로 환산하면 큰 낭비가 아닐 수 없다. 공인중개사 사무실을 개업하는 사람에게 내가 겪은 시행착오를 알려주면 소중한 시간을 절약해줄 수 있겠다는 생각으로 이 책을 집필하게 되었다.

돌아보면 나 또한 공인중개사 자격증 공부를 하면서도 공인중개사가 구체적으로 어떤 업무를 하는지 잘 몰랐다. 어떤 방식으로 매출을 늘리고 영업을 확대해야 하는지도 막막했다. '개업 공인중개사 10만 명'이라는 기사를 보고 겁나기도 했다. 공인중개사 자격증을 취득해서 개업을 준비하는 새내기 공인중개사는 모두 같은 마음이리라.

6

개업을 준비하는 공인중개사에게 현실적으로 꼭 필요한 일을 알려주고 싶었다. 하지만 부동산업 특성상 현장에서만 배울 수 있는 일이 많기 때문에 지면에 담기에는 한계가 있었다. 그런 부분은 차후 공개 강의를 통해서 해결할 생각이다. 책의 내용을 간단히 소개하자면, 1장에서는 공인중개업의 현실과 전망을 다루었고, 2장에서는 월 1,000만 원을 버는 공인중개사가 되기까지의 인생 스토리를 담았다. 3장에서는 초보 공인중개사 시절의 경험담과 함께 초보가 저지르기 쉬운 실수를 다루었고, 4장에서는 공인중개사가 하는 일을 정리했다. 5장은 현장에서 매출을 올릴 수 있는 마케팅 노하우를 상세하게 적었다. 6장은 모든 성공의 기초가 되는 자기계발과 혁신에 대해서 언급했고, 7장은 공인중개사무사가 되기 전에 알아야 할 정보와 공인중개사 사무실을 개업하기 전에 알아야 할 정보를 정리했다.

이 책을 읽고 난 이들이 '3년 안에 연수익 1억'을 달성할 수 있도록 핵심 내용을 정리해 실었다. 자격증 취득 후 1년간은 소속 공인중개사로 활동하면서 공인중개사 업무와 영업을 익히고, 2~3년차에는 투자를 병행하면서 영업 영역을 늘려간다면 연수익 1억 원은 무난하게 달성할 수 있을 것이다.

'연수익 1억 원 달성'이라고 하면 엄청난 과제처럼 느껴질 수도 있다. 공인중개사를 '중개하는 사람'이라고만 바라보아서는 영업 확장이 어렵다. '1인 기업가'라는 시각으로 바라보아야 더 다채로운 사업 영역이 보인다. 기업의 성패를 쥐고 있는 것은 고객이다. 고객을 만족시키고 고객이 나를 찾게끔 해야 '연수익 1억 원'이라는 열매를 맺을 수 있다.

'고객을 만족시킨다'라는 단순한 명제는 다른 기업의 슬로건과 일치하지만, 고액의 재산을 중개하는 입장에서의 '고객 만족'은 다양한 변수가 존재한다. 친절함만으로 고객을 만족시킬 수 없다. 고객에게 확실한 이익을 제공해야만 억대 매출 공인중개사가 될 수 있다.

나는 공인중개사라는 사실이 자랑스럽고 직업 만족도도 높다. 부동산 투자에 대해서 잘 모르는 고객들에게 올바른 안내를 해서 '돈을 벌어주는 일'에 보람을 느낀다. 공인중개사는 '큰돈'을 간접적으로 경험할 수 있는 직업이다. 경제 전반에 대한 이해와 투자에 대한 눈을 기본적으로 가져야 하고 과감하게 도전하는 용기도 필요하다.

또한 공인중개사는 다른 직업보다 투자 기회도 많고 좋은 물건을 빠르게 확보할 수 있다. 7년 전 직장을 그만두고 울산을 떠나오면서 '재산세'를 내는 인생이 되자고 다짐했는데, 이제는 '보유세'를 걱정해야 하는 인생으로 바뀌었다. 만일 내가 공인중개사가 되지 않았다면 불가능했으리라.

과도한 경쟁 속에서 상위 1퍼센트로 성공하는 일은 생각보다 쉽지는 않다. 하지만 치열하게 공인중개사 자격시험을 준비했던 것처럼 실무를 준비한 후 개업한다면 좋은 결실을 맺을 수 있으리라고 확신한다. '1인 기업가' 마인드를 장착하고 '자기 경영'을 기본으로 개업하여 '3년 내 연수익 1억 원 달성'을 이루길 바란다.

네이버 블로그 '부동산 에이전트가 돼라'를 통해서도 초보 공인중개사에게 필요한 정보를 제공할 예정이다. 계약서 작성 실무, DM 실전, 역할 실습, TM 방법, 업무 실습까지 가능한 인큐베이팅 프로그램 등을 준비 중이다. 소속 공인중개사뿐만 아니라 공인중개사 사무실을 개업하려는 이에게도 큰 도움이 될 것이다.

초보 공인중개사가 '연수익 1억 원 달성'을 이룰 수 있도록 내가 직접 현장에서 부딪치며 익힌 노하우를 아낌없이 공개했다. 과장이나 거짓 없이 진솔하게 썼다고 자신한다. 소속 공인중개사로서 만족스런 성과를 내지 못해 고민인 사람, 공인중개사 개업을 준비하는 사람에게 이 책이 길잡이가 되기를 바란다.

이 책이 나오기까지 많은 이에게 도움을 받았다. 아무것도 모르는 나에게 공인중개사의 올바른 방향을 제시해준 네오비 식구들, 장사가 아니라 기업가로서 어떤 마음을 가져야 할지 가르쳐준 사장학 식구들, 매주 토요일마다 독서를 통해서 나를 일깨워준 다행나비 식구들, 내 마음의 고향인 음악을 통해서 삶의 행복을 준 노타치 식구들, 같은 업을 하면서 터득한 노하우를 아낌없이 알려준 독서지향 식구들, 부족한 나를 믿어주고 독서를 통해서 삶의 교훈을 알려준 미라클모닝 식구들, 게으르기 쉬운 마음을 주기적으로 일깨워주는 새벽산책 식구들, 새로운 지식을 익히고 배우면서 삶의 풍요로움을 일깨워준 세종토지아카데미 식구들, 책 쓰는 기간 동안 모든 것을 감당해준 사랑하는 나의 가족들이 격려해주고 지켜봐주어서 첫 책 쓰기를 무사히 마무리할 수 있었다. 이 자리를 빌려 감사를 전한다.

최병욱

차례

추천사   4

프롤로그   6

1장

공인중개사가 아닌 1인 기업가

공인중개사 35만 명, 부동산 개업 10만 시대   17

공인중개사라는 직업의 매력   22

부동산 에이전트란 무엇인가?   26

2장

부동산 에이전트를 선택한 이유

딴따라에서 신용불량자로   35

사업의 실패는 또 나를 단련시키고   42

그래! 다시 시작해보는 거야!   47

성공을 향한 도전   53

초보 에이전트가 저지르기 쉬운 실수

공문서 위조로 신고를 당하다　　　　　　　　　　63

아파트 이름이 이렇게 어려울 줄이야　　　　　　　68

계약서 읽기 예행 연습을 하라　　　　　　　　　　73

고객과의 커뮤니케이션에는 요령이 필요하다　　　78

양도세는 전문가에게 맡겨라　　　　　　　　　　83

한눈팔지 마라　　　　　　　　　　　　　　　　89

강점을 활용하여 마케팅하라　　　　　　　　　　94

블로그 포스팅, 법칙을 따라라　　　　　　　　　99

1인 기업가, 부동산 에이전트

부동산 에이전트는 큐레이터다　　　　　　　　　107

부동산 에이전트는 협상가다　　　　　　　　　　112

부동산 에이전트는 마케터다　　　　　　　　　　117

부동산 에이전트는 컨설턴트다　　　　　　　　　122

부동산 에이전트는 경제 전문가다　　　　　　　　128

부동산 에이전트는 정보 전문가다　　　　　　　　135

부동산 에이전트는 투자자다　　　　　　　　　　140

실행 즉시 매출을 올리는 7가지 방법

고객에게 먼저 다가서라   149

목표를 종이 위에 적어라   156

1억 원 매출 UP! DM 마케팅을 실천하라   161

셀프 독서경영을 시작하라   174

협력자에게 점심을 대접하라   181

마케팅 또 마케팅하라   187

토지 중개에 도전하라   192

성공과 운을 끌어오는 5가지 습관

100번 쓰기로 성공을 각인하라   201

미라클 모닝으로 성공을 깨워라   206

성공을 견인할 체력을 만들어라   213

좋은 인연으로 성공을 끌어들여라   217

성공을 부르는 삶의 작은 습관을 실천하라   222

7장

성공하는 부동산 에이전트로 가는 길

공인중개사 시험 필승 합격 비법   231

중개 사무실은 언제, 어디에 열어야 좋을까?   237

부동산 에이전트 성공의 지름길, 교육 정보   244

부동산 에이전트가 된 후에도 공부는 계속된다   255

에필로그   270

1장

공인중개사가
아닌
1인 기업가

공인중개사 35만 명,
부동산 개업 10만 시대

공인중개사 자격증을 취득하고 거리를 다녀보면 '세상에 공인중개사 사무실이 이렇게 많을 줄이야!' 하고 새삼 놀랄 것이다. 가는 곳마다 부동산 간판만 눈에 띄니, '이렇게 공인중개사 사무실이 많아서야 어떻게 먹고 살라 거지?'라는 걱정까지 든다. 특히 초보 공인중개사가 신도시에 개업하려 한다면 영업 중인 공인중개사 사무실의 숫자에 기가 질릴 것이다.

내가 세종시에 오픈했을 때만 해도 단지 내에 여덟 중 여섯이 공인중개사 사무실이었고 3년이 지난 지금은 그중 한 사무실이 이전해서 다섯이 되었다. 세종시 전체 공인중개사 사무실 수는 1,000명 정도다. 세종시 인구가 30만 명이니 300명을 한 곳의 사무실이 담당하는 셈이다. 이런 형국이다 보니 개업 공인중개사 간에 경쟁이 치열할 수밖에 없고 협업보다는 분쟁하는 일이 많다. 그뿐만 아니라 부동산에 대한 곱지 않은 시선, 불리한 정책, 대기업 진출, 각종 부동산 애플리케이션 등으로 인해 공인중개사의 현재 상황은 총체적인 난국이라고 할 수 있다.

더욱 치열해지는 경쟁

2018년 6월 20일부터 시행된 《부동산 서비스산업진흥법》은 부동산을 투명하고 건전한 고부가가치 산업으로 육성하기 위해서 재정되었다. 하지만 업계에서는 대기업들이 부동산업을 잠식할 수 있도록 손을 들어주는 법이라고 인식하고 있다. 현대산업개발은 지난해 말 부동산114를 인수하면서 프롭테크[proptech, 부동산(property)과 기술(technology)을 합친 용어]를 통해 종합적인 부동산 서비스를 제공하겠다고 밝혔다.

공인중개사 자격증 없이 아파트를 중개하면서 매도인과 매수인으로부터 수수료 99만 원을 받은 혐의로 불구속 기소되어 사회적 이슈가 되었던 '복덕방 변호사'는 여전히 업무 보조인 형태로 부동산 중개 영역을 늘리고 있다. 게다가 직방, 다방, 피터팬 직거래, 호갱노노 등 부동산 애플리케이션의 위협은 이제 일상이 되었다.

현재 개업 공인중개사 수는 10만 명 정도다. 게다가 국토교통부에서는 아무런 대책 없이 매년 2만여 명의 공인중개사를 배출하고 있다. 일반 공인중개사 사무실은 대부분 1~2인으로 구성되어 있으며 개발·법무·세무 등 종합 서비스를 제공하는 시스템을 구축하기 어려운 실정이다. 더욱 치열해지는 경쟁 속에서 살아남으려면 대책이 필요하다.

달라지는 업무 형태

사물인터넷, 클라우드, 빅테이터, 모바일, 인공지능, 가상현실, 증강현실, 블록체인, 핀테크 등 4차 산업혁명은 현대사회에서 충격적이고 파괴적인 변화를 가져올 것이다. 그중 블록체인은 P2P(개인 간) 거래가 가능한 기술로, 특정 네트워크상의 참여자들끼리 스마트 계약을 통해 직접 거래가 가능하여 투명성과 보안을 보장하는 기술이다. 제3의 중개자 없이 모든 정보가 각자의 컴퓨터에 분산된 원장으로 저장되어 거래 내역을 추적할 수 있다. 한마디로 중개자를 배제하는 시스템인 것이다.

현재 부동산 중개업에 블록체인이 우선적으로 적용되고 있는 영역은 매물 목록 공유, 스마트 정보검증, 스마트 계약, 토지대장과 등기 관련 종합 공부 시스템, 부동산 이력관리, 감정평가 공유, 담보대출과 송금, 건물관리, 공사 하도급, 물류관리, 전자세금계산서 연계 세금징수 등이 될 것으로 보고 있다.

앞으로도 우리가 상상할 수 있는 다양한 산업 분야에서 부동산과 접목되는 블록체인이 확대될 것이다. 블록체인은 부동산 업계에서 비트코인보다 더 뜨거운 관심의 대상이다. 블록체인으로 스마트 계약이 일반화된다면 중개업에 종사하는 이들의 업무 형태는 분명 달라질 것이다.

자격증 취득이 끝이 아니다

공인중개사 공부를 할 때에는 자격증만 취득하면 평생직장이 따로 없고 금세 돈을 만질 수 있을 줄만 알았다. 그런데 막상 업계에 진출해보니 공인중개사 사무실 운영은 만만치 않은 사업이었다. 공인중개사협회는 공인중개사가 개업 전에 의무적으로 실무교육을 이수할 수 있도록 하고 있다. 그런데 막상 현장을 경험하면 실무교육 내용에 아쉬운 마음이 들 것이다.

그럼에도 개업 공인중개사 수는 늘고 있다. 아직 팔팔하게 일할 나이에 은퇴하게 된 중년이 무엇이라도 해보려는 마음에 공인중개사 자격증을 취득한다. 예전에는 중장년 공인중개사가 대부분이었는데 요즘은 20~30대 공인중개사들도 대거 유입되고 있다. 요즘 부동산 마케팅 트렌드가 IT 기반이다 보니 지금은 오히려 장년층보다 컴퓨터에 능숙한 젊은 층이 과감하게 도전하고 있는 것이다.

또 공인중개사가 되면 큰돈을 벌 기회가 있다는 인식이 강하다. 강남, 제주도, 세종시 등 부동산가격의 폭등으로 단기간에 수억 원을 벌었다는 뉴스를 종종 접했을 것이다. 월급쟁이로는 큰돈을 벌 수 없다는 생각에 공인중개사 자격증 공부를 시작하는 사람이 많다.

서비스 선진화라는 명목으로 대기업들의 부동산업 진출은 현실화되고 있으며 다양한 애플리케이션 개발로 부동산 시장을 독점하려는 시도가 끊임없이 이어지고 있다. 위기를 느낀 한국공인중개사협회에서도 애플리케이션 '한방'으로 매물 플랫폼을 옮겨 매물 정보의 독점력을 확보하려고 했지만, 10만 명의 개업 공인중개사들의 다양한 이해가 충돌하여 실효를 거두지 못하고 있다. 막강한 기술력과 영향력으로 부동산 플랫폼을 장악한 네이버부동산에서 매물을 내리고, 한 방 애플리케이션으로 바꾼다는 것은 사실상 영업을 안 하겠다는 소리와 같다. 10만 개업 공인중개사가 동시에 플랫폼을 바꿔 탄다면 좀 더디더라도 독점력을 확보하여 모든 협상에서 우위를 차지할 텐데, 10만 명의 마음을 한곳으로 모으는 것은 솔직히 불가능하리라.

이런 내외적인 불안감 속에서 문재인 정부의 강력한 부동산 정책으로 부동산 경기는 더욱더 얼어붙었다. 특히 강남, 세종시 등 투기 지역으로 지정된 지역에서는 분양권전매가 금지되고 양도세세율이 높아져서 아파트 거래가 거의 정지된 상태라 부동산 중개사들의 시름은 더욱더 깊어가고 있다.

이런 어려움 속에서 어떤 공인중개사 사무실은 돌파구를 찾아 잘 나가고, 어떤 공인중개사 사무실은 실적을 내지 못해 폐업한다. 과연 공인중개사가 나아가야 할 방향은 무엇이며 정말 준비해야 하는 것은 무엇일까?

공인중개사라는
직업의 매력

　한국공인중개사협회 자료에 의하면 공인중개사 사무실 열 곳 중 다섯 곳이 연 매출 3,600만 원 미만이고 개업 공인중개사 4분의 3이 연 매출 4,800만 원 이하 간이사업자다. 연 매출 산정은 종합소득세 신고를 기본으로 한다. 이는 현금영수증 신고 기록을 근거로 산출되기 때문에 축소신고되었다고 보는 것이 정확할 것이다. 또 투자 수익은 산출되지 않기 때문에 따로 수익 통계로 잡을 수 없었을 것이다. 하지만 모든 부분을 고려한다고 해도 공인중개사라는 직업이 수입 면에서 그렇게 매력적으로 보이지 않는 통계다.

　주택매매 거래량을 보면, 2006년 108만 건에서 2010년 80만 건으로 줄었다. 이후 반등해 2015년 119만 건을 찍은 뒤 2016년 105만 건을 기록했다. 공인중개사 숫자로 따져보면 공인중개사 사무실 1개당

월 1건 정도 중개한 셈이다. 하지만 이러한 환경 속에서도 1억 원 이상의 매출을 기록한 공인중개사 사무실이 6.6퍼센트에 달한다.

그럼에도 불구하고 매력적인 직업

사무실을 개업하고 첫 월세 계약을 하면서 중개 수수료가 20만 원가량 들어왔다. 고객에게 집을 몇 번 보여주고 주인에게 몇 번 전화 통화한 후 계약서를 작성한 것뿐인데 20만 원가량을 벌었다. '3D업종'으로 20만 원을 벌려면 새벽부터 밤까지 하루 꼬박 일해야 했을 것이다. 그동안 자격증을 따기 위해서 투자한 시간과 열정이 헛되지 않았다는 생각이 들어서 정말 기뻤다. 전세나 매매 계약을 하게 되면 들어올 훨씬 더 높은 수익이 기대되기도 했다.

하지만 그때 나는 10만 명이나 되는 경쟁자들을 간과했다. 개업 당시 아파트 단지 여덟 개 중 여섯 개 단지 1층에 공인중개사 사무실이 있었다. 모두 다 10년 이상 쟁쟁한 경험을 가진 공인중개사들이었다. 초보 중개사인 나는 경쟁력이 부족했다. 그렇게 1년 정도 수업료를 치르고 2년차부터는 차차 페이스를 찾아 연 매출 상위에 드는 공인중개사가 되었다.

내가 빠른 시간 내에 매출을 높일 수 있던 비결은 바로 공부다. 공인중개사 대부분이 공부를 하지 않는 것 같다. 세상은 급변하는데 중개하는 방식은 과거에 머물러 있다. 특히 연륜이 지긋한 공인중개사들은 IT발달로 변화하는 세상에 적응하지 못하고 여전히 종이 장부와 전화에 의지해서 중개하고 있다.

교육비를 아까워하며 새로운 것을 배우려고 하지 않는다. 공인중개사 수가 늘면서 이들을 대상으로 서비스를 제공해 이윤을 창출하려는 업체가 생겨나고 있다. 이런 업체를 이용해 좋은 교육과 좋은 콘텐츠들을 내 것으로 소화한다면 업무 효율성을 높이는 동시에 매출도 늘릴 수 있을 것이다.

아무리 공인중개사 수가 많더라도 먼저 앞서나간다면 해볼 만하다는 것이다. 레드오션은 경쟁이 치열하다는 단점이 있긴 하지만 고객의 밀착관리만 가능하다면 충분히 경쟁 우위를 차지할 수 있고 높은 수익을 창출할 수 있다.

80/20의 법칙이 적용되는 부동산업

리처드 코치는 자기계발과 사업에 '80/20 법칙'을 활용하여 큰 성공을 거두었다. 1세기 전, 이탈리아 경제학자 빌프레도 파레토는 전체 인구의 20퍼센트가 전체 부의 80퍼센트를 차지하고 있다는 '부의 불평등'을 발견했다. 이를 파레토의 법칙이라고 한다. 리처드 코치는 저서 《80/20 법칙》을 통해 파레토 법칙을 현대적으로 발전시켜 "20퍼센트의 노력으로 80퍼센트의 결실을 맺는다"라는 메시지를 전한다.

80/20 법칙은 사업이나 직업 선택에도 그대로 적용된다. 어떤 직업은 20퍼센트의 노력으로 80퍼센트의 결과를 얻을 수 있다. 또 어떤 직업은 그 반대의 결과를 얻는다. 생산이 가능한 직업을 가질 때 20퍼센트의 자원을 투자하고 80퍼센트의 수익을 얻을 수 있다는 게 리처드의 주장이다.

그런 의미에서 부동산업은 80/20 법칙이 그대로 적용되는 직업이라고 할 수 있다. 경기가 힘들다고 하면서도 부동산 중개업을 그만두고 다른 일을 하겠다고 나서는 사람은 별로 없다. 이는 부동산업의 생산성이 그만큼 높다는 반증이 아닐까? 실제로 20퍼센트를 투입해서 80퍼센트를 얻을 수 있는 기회가 부동산 중개업에는 많이 존재한다.

부동산 에이전트란
무엇인가?

비즈니스 세계에서 브랜드 네이밍은 참으로 중요하다. 유행어가 있는 개그맨은 대중이 오래도록 기억하지 않는가. 어쩌면 성공은 자신만의 단어를 만드는 데 실마리가 있는지도 모른다. 그렇기 때문에 모든 기업은 고객의 잠재기억이나 마음속에 제품과 서비스를 각인시킬 단어를 고심한다.

2005년 김승호 회장은 미국 휴스턴에 스노우폭스라는 레스토랑을 열었는데, 이곳은 세계 최초 그랩&고(Grab N Go) 개념의 레스토랑이었다. 요식업에서는 테이블 회전율이 중요하다. 테이블이 몇 번 회전하느냐에 따라 매출이 달라지기 때문이다. 그런데 그랩&고는 식당과 편의점의 중간 모델로, 테이블이 꽉 차 있으면 도시락처럼 가지고 나갈 수 있다. 테이블 회전율이라는 요식업의 패러다임을 바꿔버린 것이다.

김승호 회장은 그랩&고로 자신만의 네이밍을 만들었다. 그는 '나를 위한 꽃집'이라는 타이틀로 화훼산업에도 새바람을 일으키고 있다. 경조사에만 치중된 한국 화훼시장에 의문을 품고 분명 한국에도 충동적으로 꽃을 사는 시장이 존재한다고 판단하여 '나를 위한 꽃집'이라는 캐치프라이즈로 공략한 것이다. 20퍼센트에 불과한 개인 소비를 80퍼센트 선까지 늘려서 시장을 역전시키려는 그의 본심을 엿볼 수 있다.

개업 공인중개사보다 부동산 에이전트

네이밍 하나만으로 사업의 성공 여부를 따질 수는 없지만 그 사업의 본질을 알려주는 데 확실히 효과적이다. 그런 의미에서 부동산 중개업에서 '중개'라는 네이밍은 부동산 중개업의 현실을 반영하지 못하는 것 같다.

특히 개업 공인중개사를 준비 중인 경우, 자칫 '중개'만 하는 업이라고 업무 범위를 잘못 인식할 우려가 있다. 그래서 나는 개업 공인중개사 대신 '부동산 에이전트'라고 네이밍하고 싶다. 개업 공인중개사가 관여하는 분야는 에이전트처럼 다양하기 때문이다.

가령 스포츠 분야의 에이전트는 법정대리인으로서 연봉 협상, 광고 계약, 이적 등에 관한 업무를 처리한다. 그밖에 선수 홍보 및 의료혜택지원, 법률서비스 등 행정적 지원까지 포괄적인 업무를 담당한다. 마찬가지로 개업 공인중개사는 주된 업무인 중개 외에도 부동산 개발, 분양 대행, 자금 유치, 건물시행, 투자 등 고객 이익을 위해 여러 가지 방향을 모색하고 연구하는 일도 담당한다.

부동산 에이전트의 업무와 역량을 중심으로 네이밍을 해본다면 다음과 같다.

첫째, 부동산 에이전트는 큐레이터다. 큐레이터는 '관리자'에서 유래한 말로, 미술관 자료에 대해 최종적으로 책임을 지는 사람을 말한다. 큐레이터가 작품에 대한 깊은 지식과 예술가적 안목이 필요하듯이 부동산 에이전트도 쏟아지는 부동산 매물 중에 진품을 알아볼 수 있는 안목을 가져야 한다.

둘째, 부동산 에이전트는 협상가다. 부동산 매매에서 한 고객은 비싸게 매도하기를 원하고 다른 고객은 싸게 매수하기를 원한다. 원하는 바가 다른 두 고객을 어떻게 만족시켜야 할까? 서로 윈윈할 수 있는 범위에서 계약을 마무리하려면 고객의 감정을 건드리지 않고 만족스런 협상을 이끌어 내는 기술이 필요하다.

셋째, 부동산 에이전트는 마케터다. 요즘처럼 마케팅이라는 단어가 흔한 시대도 없을 것이다. 여러 업무 중에서 고객이 의뢰한 물건을 시장에 내놓고 또 다른 고객에게 파는 부동산 중개업은 마케팅 능력이 필수다.

넷째, 부동산 에이전트는 컨설턴트다. 공인중개사 사무실을 찾는 고객들의 요구는 다양하다. 집이 없는 고객에게는 내 집 마련을 돕고, 투자수익을 원하는 고객에게는 자산을 리모델링해서 더 좋은 투자처를 소개해야 한다.

다섯째, 부동산 에이전트는 경제 전문가다. 부동산은 이제 동네시장의 영역을 벗어나 움직이고 있다. 미국의 금리인상이 한국의 동네 부동산 시장에도 영향을 미친다. 주먹구구식으로 말솜씨를 발휘하겠다는 마인드로는 고객에게 만족을 가져다줄 수 없다. 금리인상과 국내 경기를 고려해서 매도와 매수시기를 조율하고 조언할 수 있어야 하며 복잡해진 양도세도 고려해야 한다. 경제 신문과 통계자료를 통해 최신 정보를 입수하고 누구보다 발 빠르게 경제 트렌드를 파악해 반영해야 한다.

여섯째, 부동산 에이전트는 정보 수집가다. 같은 세종시 소재 부동산이라도 30분 거리에 있는 조치원읍의 부동산 정보는 그쪽 전문가에게 문의해야 할 정도로 부동산에는 지역적 특성이 있다. 큰 틀에서 부동산 정보는 국토종합도시개발에서 온다. 국토종합도시개발 내용은 전국 시군구 국토개발의 골격이 되므로 투자 계획이 있다면 꼭 살펴봐야 한다. 큰 틀을 인지한 후에 발품을 팔아서 고객이 원하는 지역의 구체적인 투자 정보를 얻어내야 한다.

일곱째, 부동산 에이전트는 투자자다. 투자에 성공하려면 적절한 타이밍에 배짱 있게 들어가야 한다. 투자해서 성공할 만한 물건, 본인이 투자한다고 해도 이익을 남길 수 있는 물건을 고객에게 소개한다. 투자에는 항상 리스크가 따른다. 이를 감당할 만큼 내공을 쌓아야 한다.

부동산은 살아 움직인다

부동산 에이전트의 업무에 따라 네이밍을 해보았다. 이는 "부동산 에이전트는 1인 기업가다"라고 한마디로 정리할 수 있다. '1인 기업가'라는 마인드로 부동산을 장사가 아닌 사업으로 접근해야 한다. 《육일약국 갑시다》의 저자 김성오 대표는 6평 약국을 운영할 때에도 "약국을 경영한다"라는 마인드로 사업에 임했다고 한다. 작은 규모라도 자신의 일을 장사로 규정하지 않은 것이다. 마산 시골 약사에서 메가스터디 부사장이 된 원동력은 스스로 경영자 마인드를 가졌기 때문이 아닐까?

"장사를 한다"라는 자세로는 하루하루 이익에 일희일비할 수 있다. 하지만 "경영을 한다"라는 자세로 자원을 효율적으로 관리하고 더 멀리 바라보며 사업 규모 확장을 노리면 분명 성과 면에서 차이가 날 것이다.

공인중개사 사무실은 대부분 10평 내외의 작은 규모라서 '1인 기업'보다는 '복덕방'에 머물러 있기 십상이다. 하지만 공인중개사의 경영 방식에 따라 엄청난 성과 차이가 있다. 앞에서 언급한 부동산 에이전트의 역량은 1인 기업가로 나아가는 데 꼭 필요하다.

다시 말하지만 부동산 에이전트는 단지 중개만 하는 직업이 아니다. 부동산 물건은 그 단어의 뜻처럼 움직이지 않지만, 부동산 시장은 사람들의 동선에 따라서 도로망의 변화에 따라서 시장 경기에 따라서 수시로 움직인다. 부동산 에이전트는 이런 움직임을 살피고 기회를 포착해 좋은 물건을 선점하여 고객의 재산을 보호하고 불려주어야 한다. 모든 비즈니스는 고객의 만족을 기반으로 한다. 1인 기업가의 마인드를 갖춘 개업 공인중개사를 목표로 한다면 30만 명의 공인중개사 중 연 매출 상위 1퍼센트에 드는 것도 시간 문제일 것이다.

2장

부동산
에이전트를
선택한 이유

딴따라에서
신용불량자로

모든 것을 뒤로하고 무작정 서울로 올라갔던 때는 1999년이었다. 종로에 있는 레스토랑 '반쥴'에서 처음 노래를 시작했는데, 그곳은 유명 기업가들이 자주 찾는다고 알려진 가게였다. 촌뜨기 가수 지망생이 그것을 알았을 리는 만무하다. 무대를 찾아 어슬렁거리던 중 우연히 가게 입구에 붙은 '가수 구함' 전단지를 보고 무작정 오디션을 보았다. 오디션 평가를 한 매니저는 피아노 연주자 겸 가수였는데, 나의 꾸밈없는 목소리가 좋아서 합격시켰다고 한다. 그렇게 나는 다운타운 가수로 서울에 입성했다.

딴따라를 꿈꾸다

사실 대학시절 내 꿈은 선교사였다. 중학교 때부터 다니게 된 교회는 사춘기 시절 내 생활의 중심이었다. 누나 세 명을 둔 막내로 자란 탓에 내성적인 내게 교회생활은 신기한 경험이었다. 게다가 예쁜 여학생도 많았다. 나는 교회에 푹 빠져서 중학교 학생회장, 고등학교 학생회장을 도맡아 했고 학교생활보다 교회생활에 더 충실했다. 말그대로 교회 오빠였다. 성가대를 하면서 노래와 기타의 기본을 배우며 음악을 만났다. 그러던 중 성경에서 '부자가 천국에 가는 것은 낙타가 바늘귀를 통과하는 것보다 어렵다'라는 글귀를 보게 되었다. 아마 그때부터 돈에 대한 거부감이 생긴 것 같다.

경남대에 진학해서는 네비게이토 선교원 생활을 하게 되었다. 하나님의 복음을 전하는 선교사가 되고 싶었다. 새벽 5시에 일어나서 기도를 하고 성경을 묵상하고 낮에는 틈틈이 전도를 하러 캠퍼스를 돌아다녔다. 결국 우리 삶은 흙으로 돌아가니 물질을 추구하는 삶보다 정신적인 만족을 얻어야 한다고 여겼다. 그렇게 내 청춘은 잘 흘러가는 줄 알았다.

하지만 네비게이토 선교원 삶은 개인 생활을 허락하지 않았다. 오로지 성경 말씀을 실천하는 삶이 우선이었다. 나는 점차 두려워졌다. 선교사가 되면 우리 가족들은 어떻게 하지? 내 삶은 어떻게 될까? 20대 청춘이었던 나는 그만 이 생활을 포기하고 싶어졌다.

1학년 기말고사가 끝나고 나는 선교원을 도망치듯 나와서 제주도 집으로 내려갔다. 그 이후로 교회생활도 적응하지 못했다. 교회는 나가긴 했지만 삶과 종교에 대한 고민이 깊어졌다. 그런 고민 끝에 유일한 도피처인 군대를 지원해버렸다.

해병대는 나에게 지옥 같은 곳이었다. 선교사 지망생이 해병대에 갔으니 어찌 쉬웠겠는가? 아직도 내 정강이에는 해병대에서 얻은 상처가 고스란히 남아 있다. 그렇게 해병대에서 나는 술과 담배를 배웠고 거친 남자로 변했다.

제대 이후 나는 음악에 더 빠져들었다. 우연히 알게 된 통기타 동아리 악학궤범은 유일하게 복학생도 회원으로 받아줬다. 전기공학과의 대수학이 나와 적성에 안 맞는다는 것을 알 무렵에 접한 기타 선율은 내게 천국과도 같은 희망을 선사했다.

그렇게 나는 동아리방에 처박혀서 기타 치고 노래하며 또 막걸리를 마시면서 청춘을 소비했다. 밥 딜런, 돈 맥클린, 김현식, 김정호, 김광석 등 요절한 가수들의 음악이 특히 내 폐부를 찔렀다. 어차피 의미 없는 인생, 그렇게 요절하는 것도 좋겠다 싶었다. 그때는 가족도 친구도 안중에 없었다. 오직 나를 지배했던 생각은 "쾌락을 좇아가자" "한 번 사는 인생, 내 맘대로 살자" "결국 썩어 흙으로 돌아갈 인생, 해보고 싶은 것을 하자"였고 지옥이니 천국이니 이딴 것은 모르겠고 술과 음악이 내 인생의 전부인 것처럼 청춘을 허비했다.

그러던 어느 날 어차피 음악으로 보내는 인생, 서울에서 승부를 걸어보고 싶어졌다. 마침 먼저 서울에 올라가서 기획사를 하는 선배도 있어서 비빌 언덕도 있었다. 하지만 꼭 음악으로 성공하고 싶다는 목표는 없었다. 그때는 음악 그 자체의 매력에 빠졌고 어떻게 하면 더 잘할 수 있을지에 골몰했다. 나만의 세계에서 헤어나지 못한 채 대중들이 원하는 음악에는 관심이 없었던 것이다. 그렇게 술과 고함 그리고 청춘의 분노로 내 삶은 피폐해졌다.

김대중 정권 때에는 이런 가망 없는 가수에게도 신용카드를 발급해주었다. 종로, 신촌, 홍대에서 하루 1회 노래를 하면 월 50만~60만 원을 받았다. 매일 2~3회 노래를 하면 서울에서 겨우 먹고살 정도의 돈은 되지만 술값과 악기 값을 감당할 정도는 아니었다. 하나였던 신용카드가 10장으로 늘어날 때 즈음, 정말 이러다가는 폐인이 되겠다 싶어서 실용음악과에 지원하기로 했다.

매일같이 먹어대는 술과 노래로 목을 너무 혹사해서 내 목 상태는 완전히 허스키하게 변해버렸다. 학교에 가면 제대로 된 발성을 배울 수 있을 거라는 희망으로 실용음악과에 지원했다. 다행히 2002학번으로 여주대학교 실용음악과에 수석으로 입학할 수 있었다.

하지만 학교는 1학기만 다니고 휴학을 해야 했다. 신용카드 대란으로 돌려막기가 더 이상 불가능하게 된 것이다. 막상 학교에 입학하고 보니 내가 배우고 싶은 음악과는 거리가 멀어 의욕이 떨어지기도 했다.

신용회복을 위해 보낸 7년

나는 광화문 어딘가에 있는 신용회복센터에 찾아가서 신용회복을 신청했다. 전세금 2천을 빼서 일단 급한 돈을 갚으니 남은 빚은 5,000만 원 정도였다. 신용회복을 위해 내 꿈을 잠시 접어야 했다. 나는 '그래, 딱 3년만 죽도록 일해서 모인 돈으로 유학을 가자'라고 다짐했다. 1억 원 정도 모으면 버클리 음대로 유학을 갈 수 있을 거라며 막연히 생각했다. '배를 타거나 노가다를 뛰면 1년에 5,000만 원은 벌겠지'라는 허황된 계산이 근거였다.

그렇게 철이 없던 나는 7년간 3D업종을 전전하면서 자본주의 세상이 어떤 곳인지, 빚이 얼마나 처절한 고통인지, 돈을 벌기가 얼마나 힘든 것인지를 비로소 알게 되었다. 빚 5,000만 원을 완전히 갚기까지 7년이 걸렸고 유학은커녕 음악과도 멀어져 있었다. 아직도 나는 신용회복을 해나갔던 시절의 기록을 서랍에 보관하고 있다. 삶이 나태해질 때면 방탕한 삶이 초래한 결과를 되돌아보곤 한다. '지금 내가 힘든 이유는 과거에 내가 잘못한 삶' 때문이라는 워딩을 기억하기 위해서 말이다.

제일 처음 입문한 노가다는 타일 데모도였다. 타일을 붙이는 기술자가 일을 잘할 수 있도록 백시멘트를 적당하게 반죽해주고 이동시켜주는 일이었다. 건설 경기가 좋아서인지 꾸준하게 찾는 곳이 있었다. 일당은 8만~12만 원이었고 한 달 꾸준히 일하면 200만 원 이상이 수중에 들어왔다.

그런데 일이 익숙해지자 욕심이 생겼다. 나는 일이 끝난 이후 시간인 7시에 라이브 공연을 하나 잡았다. 좀더 빨리 돈을 갚고 싶어서였는데 그러려면 6시에 칼퇴근을 해야 했다. 그러다 보니 사장이 별로 좋아하지 않았다. 일이란 것이 사실 늦어질 때도 있는 법이기 때문이다. 별수없이 둘 중 하나는 접어야 했다. 3D업종은 언제든지 해고가 가능하고 언제든지 시작이 가능하다는 특징이 있다. 일 있으면 쉴 수 있고 과음한 날은 안 나가도 되고…. 여전히 술과 노래에 미련이 많았던 나는 일이 끝나면 일당으로 받은 푼돈을 들고서 노래 동아리를 찾아가 술을 마시고 노래를 했다.

그러다 보니 유학자금은커녕 신용회복상환금으로 매월 내야 하는 100만 원도 마련하기 어려웠다. 결국 신용회복상환금액을 50만 원으로 조정했다. 마음만 급했지 돈을 모을 줄 몰랐다. 순간적인 쾌락에 길들여져 있던 나는 조그만 유혹에도 돈을 써버렸다. 중대한 결심이 필요했다.

노가다 중에 가장 일당이 많은 일이 꼼방이었다. 요즘은 크레인으로 벽돌을 나르지만 3~4층 건물은 옥상까지 사람이 지게로 날랐다. 이 일이 꼼방이며 일당은 12만~20만 원이었다. 보통 하루 단위로 벽돌 양을 정해서 일하는데, 그날 양이 채워지면 퇴근해도 되었다. 예를 들어 5파레트 벽돌을 옥상에 옮기면 일을 끝낼 수 있었다. 셀 수 없이 많은 계단을 오르내렸다. 아직도 그 후유증으로 오른쪽 무릎이 삐걱댄다.

지금 돌아보면 어떻게 그 시절을 버텼을까 싶다. 다시 그 시절로 돌아간다는 상상만 해도 몸서리난다. 그 시절을 내가 버틸 수 있었던 것은 왠지 모를 희망이 있었기 때문이다. 내가 비록 지금 이런 신세지만 언젠가는 '이런 에피소드도 있었어' 하고 웃으며 이야기할 날이 올 것 같았다. 벽돌을 지고 계단을 오르면서도 내 머릿속에는 노래 선율이 흘렀다. 함께 일하던 사람들은 그런 내게 "넌 뭐가 좋아서 그렇게 매일 흥얼거리냐?"라며 신기해했다.

노가다를 끝내고 마시는 술 한잔이 그렇게 좋았다. 3D업종을 전전하면서도 그 생활을 낭만이라 여겼던 것 같다. 매월 200만~300만 원을 벌었지만 빚을 갚고 집에 생활비를 보내면 수중에 남는 게 없었다. 가족에게 면목이 없어 6년간 타지에서 따로 지내며 하루 벌어 하루 사는 삶을 보냈다.

이런 생활을 그만둘 결심을 한 것은 빚을 거의 다 갚을 즈음이었다. 오랜만에 들어간 집은 아수라장이었다. 저녁식사 도중 중학생 아들이 "에이 ××"라고 비속어를 말한 것이다. 사춘기 아들 녀석에게는 모든 게 못마땅한 시절이었을 것이다. 무능한 아버지와 지긋지긋한 가난…. 나는 욱하는 성질을 참지 못하고 아들을 실컷 두들겨 패버렸다. 아내는 울고불고하고, 아들은 분해하고, 나는 나대로 화를 삭이지 못했다. 그야말로 생지옥이 따로 없었다. 모든 것이 내 잘못이었다. 좋아하는 것을 놓지 못한 내가 너무 이기적이었다는 것을 깨달았다.

'나는 도대체 어쩔 생각이었단 말인가! 나이 마흔이 다 될 때까지 가족보다 자신의 쾌락만 좇는 삶이 맞는 삶인가?'

그날 나는 혼자 밖으로 나와 병나발을 불며 보도블럭에 걸터 앉아 숨죽여 울었다. 아무리 울음을 삼키려 해도 소용이 없었다. 결국 짐승처럼 울부짖었다. 모든 것이 원망스러웠지만 그 모든 것을 자초한 사람을 찾자면 결국 화살은 내게로 향했다. 더 이상 이렇게 살 순 없다. 나는 내 삶의 길고 어두운 터널을 그렇게 빠져나왔다.

사업의 실패는
또 나를 단련시키고

스마트폰에 아내의 번호는 '내 사랑'이라는 별명으로 저장되어 있다. 내가 아내 말에 져주는 것은 지은 죄가 많아서다. 나의 모든 방황을 말없이 지켜봐준 아내가 아니었다면 지금 우리 집의 평화도 없을 것이다.

보도블록에 앉아 울부짖던 그날을 기점으로 우리 가족은 모든 생활을 정리하고 울산으로 돌아왔다. 아내와 사업을 의논했고 힘을 합쳐 이 가난을 물리치기로 결의했다.

노란우산공제를 만나다

2007년, 아내가 시작하기로 한 노란우산공제사업을 같이 키워보기로 했다. 노란우산공제는 자영업자만 가능한 보험상품이었다. 아내

말로는 개인사업자가 600만 명이니 영업 대상도 많고 수당도 괜찮아서 전망이 밝다는 것이다. 아직 대중에게 알려지지 않았지만 소상공인을 지원하는 게 사업 취지이다 보니 보람도 있을 듯했다.

노란우산공제는 은행이나 보험사가 아닌 중소기업중앙회에서 상품 유치를 하고 있어서 인지도가 전혀 없었기 때문에 상담사를 고용해 홍보에 열을 올리고 있었다. 노란우산공제는 다른 상품과 달리 고객에게 정말 유리한 상품이었다. 이율도 높았고 추가 소득공제가 300만 원이나 되어서 절세효과가 컸다. 상담사에게 주는 수수료도 고객이 불입한 금액에서 나오는 것이 아니라 복리효과도 컸고 추가로 상해보험도 가입되었다. 정말 좋은 상품이라는 확신이 섰기에 전력을 다해보자고 마음먹었다.

의욕은 넘쳤지만 문제는 나의 경험 부족이었다. 딴따라에 3D업종 일만 했던 내가 과연 양복 입고 영업을 잘할 수 있을까? 하루 일당 10만~20만 원에 익숙했던 나는 걱정이 앞섰다. 영업에 익숙하지 않았던 나는 일단 교육을 받기로 했다. 이미지교육과 스피치교육을 같이 하는 곳에서 몇 달간 기본적인 교육을 받았다. '노가다' 근성을 벗어던지고 말투부터 제스처와 상담스킬까지 다시 배웠다. 매일 아내와 영업에 대해 연구하고 의논했다.

노란우산공제의 핵심은 연간 300만 원을 불입하면 사업소득에 따라 구간별로 33만~115만 5,000원의 절세 혜택이 있다는 것이다. 어느 정도 수익이 있는 사업장이 타깃 고객이었다. 아무리 혜택이 좋아도 매월 25만 원씩 저축한다는 것은 부담이었다.

시간이 지날수록 영업 실전에 도움이 되는 교육의 필요성을 실감했다. 교육CD 정보를 인터넷을 통해 얻었고 다양한 강의를 들었다. 매월 4장의 CD가 배송되었는데, 3년 내내 자동차는 우리 부부의 교실이었다.

그러던 중 강의 CD를 통해 공병호 박사를 만나게 되었다. 공병호 박사의 자기경영 강의는 내 인생에 커다란 영향을 미친 일대의 사건이었다. 그때 '자기경영' '1인 기업가'라는 용어를 처음 듣고 가슴이 벅차올랐다. 공병호 박사는 앞으로의 세상은 조직에 속했더라도 1인 기업가 마인드로 살아가지 않으면 스스로 도태될 수밖에 없다고 했다. 세계화 추세는 계속되고 소비자 파워는 약진하여 기업은 가능한 한 모든 공정의 비용을 최소화하기 위해 경매를 통한 아웃소싱을 시도할 것이라고 보았다. 상품 공급이 많아지면 이익을 내기 위해 기업은 무한경쟁에 돌입하여 비즈니스 종사자는 과도한 스트레스를 받게 된다는 것이다.

강의 CD만으로는 성에 차지 않아서 아내와 함께 자기경영스쿨의 주말 강좌를 들었다. 강의를 듣고 자신의 인생에 사명이 있어야 한다는 말에 큰 감명을 받았다. 그래야 사명을 이루기 위해 유한한 인생에 우선순위를 정하고 자원을 재분배해서 살아간다는 것이다. 개인의 사명, 조직의 사명, 가족의 사명 등 목표가 있는 사람은 성장한다. 아내와 나는 곧바로 "노란우산공제 유치를 통해 소상공인들의 폐업후 안전자금을 확보할 수 있도록 돕고, 매월 100건 이상 유치하는 것을 목표로 한다"라는 사명을 세웠다.

중소기업기금울산센터를 창업하다

'월 100건 이상 유치'라는 사명을 이루려면 조직이 필요했다. 비용이 들더라도 직원을 몇 명 고용하기로 하고 '중소기업기금울산센터'로 사업자등록을 했다.

TM직원을 고용하고 울산공단과 시내에 홍보물을 뿌리고 상담직원을 충원하면서 울산의 노란우산공제실적은 부쩍 상승했고 운영에 대해 생각할 시간도 생겼다.

그동안의 방식인 1대1 영업에서 벗어나 단체계약을 한번 시도해보기로 했다. 업종별로 다양한 협회가 있었는데 협회 모임이 있는 날에 찾아가 영업을 했다. 식료품협회, 건축사협회, 약사협회, 도선사협회, 세무사협회 등 세금절세를 원할 만한 전문직종의 협회를 찾아다니면서 단체계약을 조금씩 끌어냈다. 그렇게 실적이 쌓이면서 점차 영업을 알게 되었다. 음악이 아니어도 무엇인가를 성취했을 때 보람이 있음을 알게 되었다. 사업이 재미있다는 것 또한 처음 알게 되었다.

당시 울산에는 중소기업중앙회지점이 없었고 가까운 곳에 부산지점이 있었다. 부산지점보다 우리 울산센터가 훨씬 실적이 높아서 중소기업중앙회 본부장은 울산지점을 내는 것을 긍정적으로 검토했다.

결과적으로 중소기업중앙회 울산지점이 신설되었지만 노란우산공제 울산지점을 우리가 유치하는 것은 실패로 돌아갔다. 노란우산공제가 신문과 메스컴을 통해 서서히 알려지자 중소기업중앙회는 은행과 협약하기로 했기 때문이다. 결국 우리 같은 상담사는 초기에 마중물인 셈이었다.

지금 생각해보면 당연한 수순이었는데 왜 그렇게 낙담했는지 모르겠다. 조금만 현명했다면 예감할 수 있었던 일이었는데…. 사업을 늘리기 위해 모든 시간과 자본을 투입했다고 해도 조직의 생리를 모른 우리가 잘못이었다. 우리 부부는 그 시점에서 노란우산사업을 접었다.

2018년, 노란우산공제 가입자 수가 100만 명을 넘겼다고 한다. 그때 지점을 유치했다면 정말 대단한 성과였을 거라는 미련이 있지만, 3년간 값진 경험을 한 것으로 만족한다. 처음으로 영업을 해보았고 최고 실적도 내보았다. 작지만 조직을 운영하면서 팀워크의 중요성도 알게 되었다. 실패라는 쓰라린 교훈도 맛보았다. 실패 이후에 조직 확장보다 실속 있는 운영에 중점을 두게 되었다. 무엇보다도 삶에 대한 자신감이 생겼다. 무언가에 몰입한다면 다시 일어날 수 있다는 마음가짐이 되었다. 그렇게 노란우산공제는 많은 가르침을 안기며 내 인생의 한 페이지를 장식했다.

그래!
다시 시작해보는 거야!

노란우산공제사업을 접고 다른 직장을 알아보던 중 지인의 소개로 울산 Y산업에 입사하게 되었다. 단, 직함은 대리이며 연봉 1,800만 원이라는 조건이었다. 약간 망설였지만 3년간 익힌 영업능력을 대기업에서 펼쳐보겠다는 포부로 입사를 결정했다.

대기업 영업 도전과 실패

처음 현대중공업에 납품 갔을 때 방어진에 펼쳐진 도크와 건조되어가는 선박의 어마어마한 규모에 놀랐다. Y산업은 선박을 건조시킬 때 필요한 클리너, 부동액, 유화제 등 화학제품을 파는 회사였다. 아무것도 몰랐던 나는 공장 청소, 제품 제조, 납품 배달 등을 했다. 일을 알아야 영업이 가능하다고 판단했기 때문에 1등으로 출근하며 성실하게 일했다. 울산에서 현대중공업 코드를 받은 업체는 현대중공업과 직접 수주를 받을 수 있기 때문에 그 자체로만으로도 중소기업으로서는 대단한 일이었다.

사실 그 당시에는 노란우산공제사업으로 어느 정도 성과를 달성했기 때문에 영업을 만만하게 보고 입사한 면이 있었다. 하지만 대기업 영업은 상상 이상으로 벽이 높았다. 무엇보다 조직 생활 경험이 없던 나는 조직의 생리에 대해 전혀 몰랐다. 6개월 정도 지나니 내가 할 수 있는 일이 없음을 알게 되었다. 대기업의 조직적인 영업 시스템은 작은 중소기업이 따라갈 수 있는 수준이 아니었다.

결국 술상무로 나서는 일이 빈번했고 부주의한 실수도 잦았다. 안정적으로 월급은 받았지만, 내가 꿈꾸던 삶은 아니었다. 제품 만들고 배달하고 상사의 잔소리를 듣는 것이 일의 전부였다. 월급 받는 것이 미안하게 느껴질 정도였지만 달리 방법이 없었다. 무언가를 열심히 한다고 해서 나아질 수 있는 여건이 아니었다. 소규모 영업에서 통했던 모든 방법이 전혀 통하지 않았다.

중소기업이었지만 인원은 겨우 5명이어서 체계적으로 영업을 교육하는 시스템도 갖추어져 있지 않았다. 점차 회사에 흥미를 잃어갈 즈음, 재테크 공부를 한다는 심정으로 부동산에 눈길을 돌렸다.

내 집도 없고 미래는 불투명하기만 했던 그때, 처음으로 청약통장을 만들었다. 아내에게도 부동산에 관심을 가져보라며 모델하우스에 다녀보기를 권했다. 마침 아내와 친하게 지내는 K국장이 부동산 베테랑이라 많은 도움이 되었다. "앞으로 트렌드는 작은 평수니까 요번에 18평으로 청약을 넣어 봐. 당첨만 되면 대박이야!"라는 K국장의 말이 무슨 뜻인지도 몰랐지만 일단 그의 추천에 따라 청약에 도전했다. 이 선택은 향후 부동산 투자에의 관심으로 이어진다.

한편, 시간이 지날수록 월급은 조금씩 올랐지만 나는 직장생활을 도저히 참을 수 없었다. 울화가 쌓여 속이 곪으니, 자다가 벌떡 일어나 가슴으로 주먹을 치면서 악 하고 소리를 지르기도 했다. 그런 내가 걱정됐는지 아내가 먼저 "여보, 이러다가 일 나겠어. 회사 그만두자"라고 말했다. 지금도 그때를 생각하면 순간적으로 마음이 암울해진다. 남의 돈을 받는다는 것이 그만큼 어려운 것이었다.

사실 올랐다고 해도 연봉 2,000만 원 정도였으니 별 미련도 없었다. 차라리 수입 면에서 좋았던 3D업종을 다시 해보자는 마음으로 예전에 일했던 사장에게 연락을 해보았더니 성실하기만 하면 요즘은 수당이 올라서 연봉 4,000만~5,000만 원도 가능하다고 했다. 한 몇 년만 일해 종잣돈을 모아서 아내는 부동산업을, 나는 음악학원을 하면 좋을 것 같았다. 마침 부동산에 관심이 높아진 아내도 실패만 거듭하는 울산을 떠나고 싶어 했다.

그때까지도 나는 음악에 미련이 있었다. 서울에서 보컬 트레이너 수업을 이수하고 보컬 음악학원을 차리고 싶었다. 그런 막연한 꿈이 직장을 포기하는 데 일조했다. 결국 우리는 '세이노(SAY NO)의 가르침'을 따르기로 했다.

체면을 버려라

다음카페에서 재테크를 배우는 사람들에게 '세이노'는 유명한 현자이자 무지막지한 독설가였다. 그는 피를 토하는 심정으로 피보다 진하게 삶을 살아 결국 경제적 자유를 이뤄낸 인물이다. 울산을 떠나서 다시 삶을 스크래치하라고 나를 떠민 것이 세이노의 가르침이었다. 잠시 세이노의 말을 들어보자.

'scratch'는 '긁어서 내는 흠집, 긁다, 흠집을 내다'라는 뜻 외에 '지운다'라는 뜻도 있다. 또 육상경기 중 땅에 선을 그으면 출발선이 되므로 '출발선'이라는 뜻도 있다. 'scratch along'은 '근근이 살아가다', 'from scratch'는 '출발점에서, 맨 처음부터', 'scratch up'은 '돈 같은 것을 긁어 모으다, 푼푼이 저축하다'라는 뜻이다. 경제적으로 실패하였다면 저 아래 낮은 곳으로 내려가라. 체면 때문에 그렇게 하지 못한다고? 그 체면에 흠집을 내라. 출발점을 저 낮은 곳에 다시 그어라. 당신이 놓치려고 하지 않는 생활 수준이라는 것을 지워버리고 새로운 출발점에서, 무에서 근근이 살아가면서 돈을 모아라. 그러면 돈이 쌓이게 된다. 이것이 실패로부터 탈출하는 비결이다. 스크래치하라.

나와 아내는 다시 처음부터 해보자고 마음을 다지고 일사천리로 일을 진행했다. 다행히 선배의 도움으로 다시 3D업종을 바로 시작할 수 있었고, 이번에는 반드시 돈을 모으겠다는 일념으로 쉬지 않고 일했다. 내가 땀 흘려 일하는 동안 아내는 명지대학교 부동산 최고 과정 및 각종 부동산 과정을 이수했고 다양한 부동산 투자 방법도 익혀나갔다. 아내는 공부하면 할수록 부동산업에 대해서 매력을 느끼는 듯했다.

공부에 열심인 아내를 보자 고졸인 내 학력이 마음에 걸렸다. 일하면서 학점을 이수하려면 가능한 선택지가 사이버대학뿐이었다. 알아보니 대학교 3학년 중퇴라서 50학점 정도만 이수하면 되었다. 다행히 평소 관심 있던 상담심리학과라는 전공이 개설되어 있었다. 그렇게 3년여간 용인, 천안, 대전을 돌아다니면서 낮에는 막노동하고 밤에는 공부하면서 상담심리학과를 졸업했다. 상담심리 공부는 훗날 부동산 영업에도 많은 도움이 되었다. 결국 부동산업무도 사람과의 관계에서 이루어지기 때문이다.

울산을 떠나 바쁘게 1년 6개월을 보냈을 즈음, 나는 놀라운 경험을 하게 되었다. 울산에 있을 때 넣었던 혁신도시 18평 분양권이 당첨되었고 이를 매도하면서 수천만 원이라는 순수익을 얻게 된 것이다. 내가 서울에서 1년간 피땀 흘려 번 액수를 하루아침에 벌 수 있음을 직접 경험하고 '정말 세상은 불공평하구나! 이 불공평을 이해하지 못한다면 결코 자본주의 세상에서 살아남지 못하겠구나! 이제껏 헛살았구나!'라며 소위 '멘붕'에 빠지고 말았다. 피땀 흘려 일하는 3D업종에 대한 허탈감이 오면서, 부동산업에 대해 진지하게 생각하게 되었다.

한편, 아내는 세종시에서 부동산 영업을 시작했다. 아내는 명지대에서 교육과정을 이수할 때부터 앞으로 행정수도 이전과 정치공학적인 이유로 세종시에 큰 변화가 올 것이며, 중부권 투자의 큰 시장이 열릴 것임을 배웠다. 그래서 일부러 일터를 대전으로 잡았는데, 세종시에서 실제로 부동산 영업을 하다 보니 공인중개사 자격증의 필요성을 느낀 모양이었다. 아내는 내게 모든 것을 정리하고 자격증 공부를 하라고 권했다. 나 역시 분양권 수익의 충격으로 부동산업에 대해 한창 고무되었던 상태라 기꺼이 공부할 결심이 섰다.

대전에 있는 박문각 학원에서 공인중개사자격증 공부를 시작했다. 공인중개사 시험은 1차와 2차를 동시에 볼 수 있는데, 1차만 합격했을 경우에 유효기간은 1년이다. 만일 동차로 합격하지 못하면 허송생활할 우려가 있다. '이번에 동차 합격을 하지 못한다면 나 자신을 용서할 수 없을 것 같다'라는 간절한 마음 때문이었는지 다행히 동차로 합격할 수 있었다. 그렇게 나의 공인중개사 인생이 시작되었다.

성공을 향한
도전

"말하고 싶어서 미치겠다. 여보, 지금 몇 시야?"

어느 날 아침, 잠에서 깬 아내가 좋은 꿈을 꿨다며 기뻐했다. 말하면 혹여 효력이 사라질지 모른다며 초조하게 오후 12시가 지나기만을 기다렸다. 이전에도 아내가 좋은 꿈을 꾸면 가족에게 좋은 일이 생긴 적이 있어서, 내심 나도 꿈의 내용이 궁금했다. 12시가 지나기가 무섭게 아내가 꿈 이야기를 털어놓았다.

"여보, 이렇게 큰 코끼리가 글쎄, 우리 집을 간신히 비집고 들어오는 꿈을 꿨어. 아, 그게 정말 집채만 했어. 우리 집으로, 그것도 뚜벅뚜벅 급할 것도 바쁠 것도 없이 느긋하고 온화하게 그렇게 들어오는 거야."

"코끼리가?"

"아! 우리 공인중개사 사무실 이름은 코끼리 부동산으로 하자."

아내가 눈을 동그랗게 뜨고 손바닥을 탁 치면서 큰소리로 말했다. 공인중개사 자격증을 따고 공인중개사 사무실의 이름를 무엇으로 지을지 고민하던 참이었다. 아내의 꿈으로 드디어 상호가 정해졌다. '코끼리, 코끼리' 발음해볼수록 마음에 들었다. 온유하면서 힘도 세고 부를 상징하는 코끼리가 공인중개사 사무실 상호에 잘 어울렸다.

2015년 11월, '코끼리부동산'을 개업했다. 그런데 개업하고 얼마 안 되어서 사업 파트너로 의지했던 아내가 성대결절 수술을 받아야 했다. 아내는 상가 영업을 했는데 브리핑을 하도 많이 해서 성대에 무리가 온 것이었다. 의사는 1년간 되도록 말을 하지 말고 쉬라고 했다. 직원을 채용할 형편도 안 됐기 때문에 혼자서 사무실을 운영해야만 했다.

세종 가락마을 15단지는 상가 1층에 입점한 업장이 여덟 곳이었는데 그중 여섯 곳이 부동산 공인중개사 사무실이었다. 다른 중개사 사무실은 경력이 10년 이상 되는 베테랑이었고, 나는 손님 맞이가 두려울 정도로 아무것도 모르는 초짜였다. 부동산 영업은 내가 알던 영업과 전혀 다른 차원의 영업이었다. 2016년 상반기까지는 매출이 최악이었다. 부동산업에 자신감도 떨어져서 통닭집을 오픈하는 외도까지 했을 정도였다.

새로운 상품으로 돌파구를 찾다

근근히 살아가던 중 평소 친하게 지내던 공인중개사 사무실 소장이 업장을 합치자는 제안을 했다. 그때 나는 블로그 마케팅을 처음 시작했을 때였다. 협업을 제안한 소장은 중개 경험이 많았지만 블로그 마케팅은 익숙하지 않았기 때문에 나와 함께 일하면 시너지가 날 것 같다고 했다. 같은 단지 내 공인중개사 사무실 중에서 공동 중개도 가장 많이 하고 서로 마음도 맞아서 제안을 받아들여 2016년 8월에 공인중개사 사무실을 합쳤다.

경력 있는 소장과 실장이 합류하자 뭔가 변화가 필요해졌다. 아파트 영업은 내가 없어도 매출이 났다. 아니, 오히려 내가 담당하는 것보다 두 사람에게 맡기고 손을 떼는 것이 더 나을 듯했다.

나는 사장으로서 또 다른 매출을 내야 한다는 압박감이 밀려왔다. '과연 어디서 어떻게 매출을 내야 할까?' '아니면 아파트 매출을 더 올려야 할까?' '과연 내 비즈니스 본질은 무엇일까?' 하고 부동산업에 대해 진지하고 치열하게 생각했다. 중개업이라는 비즈니스의 본질과 연관지어 다음과 같은 질문을 하며 영업 돌파구를 찾아보기로 했다.

1. 고객의 물건을 확보해야 하는 비즈니스다. 그렇다면 어떻게 확보해야 하나?
2. 물건을 찾는 고객을 확보해야 하는 비즈니스다. 그렇다면 어떻게 고객을 확보해야 하나?
3. 물건과 고객을 어떻게 연결시키고 매출을 극대화할 것인가?

첫 번째 질문을 먼저 생각해보았다. 주 영업 대상인 여섯 개 아파트 단지와 근처 2,000여 개의 필지에 대한 물건 확보가 전혀 되지 않았음을 깨닫게 되었다. 특히 택지는 전혀 없었다. 아파트도 확보하기 위해 적극적으로 노력하기보다는 전화로 접수되는 물건만 소극적으로 확보하고 있었다. 동업하는 소장 역시 택지 매매 경험이 전혀 없어서 택지 확보에 대한 의지가 없었다.

일단 아파트 매물을 적극적으로 확보하고 택지 매물도 확보해야겠다고 마음먹고 아파트 매물 접수를 위한 마케팅을 시작했다. 아파트 매물은 근거리에서 사는 사람이 직접 사무실로 와서 접수하는 경우가 많고 원거리에 사는 사람은 전화 접수가 많았다. 먼저 원거리에 사는 사람을 마케팅 대상으로 정했다. 차후에 DM 마케팅에서 자세히 다루겠지만 '로또 DM'을 보내서 우리 사무실에 전화를 하도록 유도했다. 전화가 와야 연락처를 확보하고 차후에 중개가 가능하기 때문이다. 가까이 사는 사람인 경우, 사무실 평판에 따라서 접수 여부가 결정된다. 믿음이 가도록 간판에 내 사진을 넣었다. '팩스, 복사 무료로 해드립니다'라는 문구도 넣어서 서비스도 제공했다.

얼마 안 가 사무실 전화가 울리기 시작했다. 대부분 로또 DM을 받아서 신선하다는 반응이었다. 이왕 통화한 김에 시세나 동향을 파악하려는 고객이 늘어났다. 바뀐 간판도 다른 부동산과 차별되어 눈에 띄었고 장기적인 효과도 기대되었다.

아파트 매물에 마케팅 효과가 보이자 택지 매물에도 똑같이 마케팅을 하기로 했다. 택지 거래를 전혀 해보지 않았기 때문에 우선 토지 관련 서적 10권을 읽었고, 토지거래 전문가들을 수시로 찾아가 조언을 구했다. 택지는 매수자가 전혀 없는 상태라서 그런지 로또 DM

을 보내니 폭발적으로 매물이 접수되기 시작했다. 직원들이 귀찮아 할 정도로 팔아 달라는 의뢰가 많이 들어왔다. 하지만 아직 택지가 팔릴 시기는 아니었다. 택지 바람이 불 때를 대비해 일단 매물을 확보해놓았다.

그 밖에 나는 다른 공인중개사 사무실과의 공동 중개를 위해서 다른 지역 부동산 소장들과 점심을 먹었다. '15단지' 하면 '코끼리부동산'이 떠올라야 공동 중개 연락을 하지 않겠는가.

두 번째 질문에 대해 생각해보았다. 키워드 마케팅과 SNS 마케팅을 강화하기로 했다. 광고를 누를 때마다 금액이 적용되는 클릭 초이스 상품을 등록하고 키워드에 대해 고민했다. 키워드 마케팅도 차후 자세히 설명하겠지만, 네이버 파워가 상당하기 때문에 네이버 광고를 간과하면 안 된다.

세 번째 질문에 대해 생각해보았다. 매물과 고객을 확보하고 이를 연결하면 매출은 극대화될 것이다. 매물과 고객 확보를 위한 노력을 꾸준히 해나갔다. 이때 개업 초기에 받은 네오비 중개실무교육이 큰 도움이 되었다. 드디어 2017년 5월경부터 기회가 오기 시작했다.

택지, 매수 바람이 불다

2017년 매출 목표를 2억 원으로 상정하고 세 명이서 바쁘게 움직이고 있을 때였다. 가장 저평가되었던 고운동 25평 아파트가 2억 8,000만 원까지 고공행진을 하더니 드디어 투자자들이 택지 매물에 투자하기 시작했다. 코끼리부동산은 2017년 5월 택지 첫 계약을 하게 되었다.

택지 계약은 아파트보다 손도 덜 가는데 중개 수수료는 3배 정도 많았기 때문에 첫 계약이 성사됐을 때 사무실은 경사 분위기가 됐다. 그동안 믿고 추진한 마케팅이 적중하니 자신감이 생겼다. 세종시 전반으로 택지를 문의하는 고객이 늘어났고, 우리 매물을 공동 중개하려는 다른 공인중개사 사무실의 전화도 자주 왔다.

어떤 붐이 불었을 때 해당 매물을 가지고 있는 공인중개사 사무실은 갑이 된다. 하지만 한창 붐일 때 매물을 확보하기는 힘들다. 이미 고객은 여러 공인중개사 사무실에 매물을 의뢰해놓은 상태이기 때문이다. 매물은 인기가 없을 때 미리 확보해야 한다는 평범한 진리를 실감했다.

이전에 마케팅으로 확보해두었던 택지 매물들은 2017년 하반기 동안 꾸준히 매매되어서 코끼리부동산 매출에 상당한 기여를 했다. 택지 매물은 여전히 코끼리부동산의 주된 매출 상품이다. 만일 미래에 대한 준비 없이 매출 극대화를 위한 투자를 아무것도 하지 않았다면, 즉 9개월 전에 DM을 보내지 않았더라면 2017년 하반기의 매출 상승은커녕 매출이 삼분의 일로 줄었을 것이다.

정말 사업이란 내일 어떻게 될지 모른다. 어떤 사업이든 정해진 답은 없다. 정답을 만들어가는 과정이 사업이라고 생각한다. 자신이 원하는 목표가 있다면 어떻게 그 목표를 달성할 수 있을지 치열하게 고민해야 한다. 고안해낸 방안에서 조금이라도 희망을 보았다면 과감하게 도전하자. 바로 이 과정이 사업이 아닐까?

2017년 8월 2일, 세종시가 투기지역으로 지정되어 부동산 투자가 위축되었고 그 여파는 오늘까지 미치고 있다. 조만간 발표될 보유세 인상 소식도 부동산 경기에 악영향을 줄 것이다. 그럼에도 불구하고 돈을 벌기 가장 좋은 때는 항상 '현재'다. 사업을 한다면 그 사실을 명심해야 한다. 경기가 안 좋다고 하지만 벌 사람은 번다. 난 절대로 '힘들다, 어렵다'는 말을 함부로 하지 않는다. 말에는 기운이 있다고 믿기 때문이다.

택지 매매로 자신감이 붙은 나는 최근 토지에 관심이 생겼다. 앞으로 세종시 부동산 시장은 행복도시 인근과 조치원 주변 토지시장이 상당히 커질 것이다. 조만간 지정될 국가 산업단지 때문이다. 국가 산업단지 지정으로 토지가 수용되면 보상 자금이 수년 안에 풀린다. 토지로 보상받은 사람들은 다시 세종시 인근으로 토지를 사러올 가능성이 크다. 지금은 토지 시장을 준비할 때다.

힘들고 어렵다고 변하는 것은 없다. 미래를 예측하고 미리 대비하는 방법밖에 없다. 지금도 코끼리부동산은 더 큰 도약을 향해 뚜벅뚜벅 한걸음씩 걸어가고 있다.

3장

초보 에이전트가 저지르기 쉬운 실수

공문서 위조로
신고를 당하다

합격의 기쁨은 잠시였다. 1년간 일을 안 하고 공부만 했더니 집안 경제 사정이 걱정되었다. 아내와 같이 개업했던 소장이 그만두기로 해서 사무실에 출근해 어깨 너머로 일을 배우고 있었다. 소장은 다른 시험을 준비한다고 사무실에 거의 나오지 않았는데, 나는 아무래도 생초보였기 때문에 그만둘 때까지 공동 사무실로 운영하자고 제안했다. 중개사법상 한 사무실에 두 명의 공인중개사가 각자 사업자등록을 할 수 있었다. 이전을 요청했어야 했는데 미안한 마음에 그런 제안을 한 것이 실수였다.

문자 메시지는 신중하게 보내라
각자 사업자등록을 하려면 현 소장의 동의 서명과 사무실 임대인의 동의 서명이 필요했다. 소장이 사무실에 잘 나오지 않아서 전화 통화만 하고 대신 서명을 한 것이 화근이었다. 소장이 시청에 공문서 위조로 나를 신고한 것이다. "소장님, 언제 사무실을 그만두는지 이야기해주세요. 실장도 구해야 하고 스케줄도 잡아야 해서요."라는 문자메시지를 보낸 적이 있는데, 그 메시지를 받고 너무 기분이 상해서 한 일이라고 나중에 전해들었다.

그 일을 계기로 중요한 한 가지를 배웠다. 난감한 일일수록 절대 문자메시지로 전하면 안 된다는 것이다. 문자 메시지는 상대방에게 의중이 잘못 전달될 우려가 있다. 메시지를 받은 사람이 주관적으로 해석할 여지가 있기 때문이다. 실제로 내가 보낸 문자를 소장은 "왜 빨리 안 나가고 개기고 있냐?"라는 뜻으로 해석했다.

모든 문제는 사소한 일로 시작된다. 공문서 위조는 자격증이 취소될 수 있을 만큼 큰일이니 꼭 합의하라는 시청 담당자의 말을 듣고 눈앞이 캄캄했다. 여러 통로를 통해 취하를 설득하고 찾아가서 용서를 구했지만 소장은 취하할 생각이 없다며 완강한 태도를 보였고 종국에는 취하 조건으로 상당한 금액의 합의금을 요구해왔다. 문자메시지는 하나의 빌미였고 결국 원하는 것은 돈이던 것이다. 오랜 고민 끝에 합의를 하지 않기로 했다.

이 건은 경찰서로 넘어갔고 나는 공문서 위조가 아니라 구두 합의에 의해 작성한 것임을 증명해야 했다. 최종적으로 증거불충분으로 무혐의 결론이 나왔지만, 그 결론이 나기까지 6개월간 정말 피 말리는 시간을 보냈다.

이런 사소한 일로 발생하는 분쟁이 부동산업계에는 생각보다 많다. 그래서 사인 한 번 하는 것도, 인장 한 번 찍는 것도 조심해야 한다. 또 말하기 껄끄러운 일은 꼭 얼굴을 보고 직접 이야기해야 한다. 물론 매매나 잔금일처럼 증거를 확실히 남겨야 하는 '사실 확인성 문자 메시지'는 보내는 것이 좋다. 하지만 그밖의 경우에는 받은 사람의 감정에 따라 달리 해석될 여지가 있어서 자칫 분쟁의 단초가 될 수 있다.

처음부터 공문서 위조로 신고를 당하고 나니 계약서 작성에 더욱더 신중하게 되었다. 중개업에서 모든 자료는 계약서를 중심으로 판단된다. 아무리 계약을 많이 한다고 해도 계약서 작성이 잘못되면 모든 일을 그르칠 수 있다. 디테일한 계약서 작성은 스스로를 보호할 수 있는 유일한 무기라는 점을 꼭 말해주고 싶다. 처음부터 계약서와 확인 설명서를 꼼꼼하게 적고 사인과 인장을 제대로 하는 습관이 필요하다.

사소한 계약은 없다

초보 공인중개사 시절에 가장 두려운 일은 계약서 작성일 것이다. 고객의 재산권 보호를 위해서는 어쩔 수 없는 조치이겠지만, 계약서 작성과 확인 설명서 작성에 대한 법률적 잣대가 심하다 싶을 정도로 엄격하기 때문이다.

절차대로 계약서를 작성하는 동시에 계약 당사자가 서로 만족할 만한 계약을 이끌어내는 것이 중요하다. 모든 소송은 조그만 감정적인 상처에서 일어난다. 소송으로 번지면 공인중개사에게 불리하므로 계약서 작성은 법대로 까다롭게 작성하는 것이 유리하다. 그런데 또 너무 까다롭게 작성하면 자칫 계약이 파기될 가능성도 있다. 가장 현명한 방법은 기본에 충실하게 작성하는 것이다.

선배 공인중개사가 작성한 계약서를 표본으로 삼아 작성하고 계약자 간에 충분한 대화를 통해 감정적인 소통이 가능하도록 중개자 역할을 해야 한다. 공동 중개를 할 때에는 상대 공인중개사와 미리 계약 수위를 조정하고 만나는 것이 좋다. 자신의 고객에게 더 유리한 계약을 하려고 드는 경우가 있기 때문이다.

결국 목표는 계약서 작성을 완료하고 서명, 날인하는 것이다. 이를 위해 계약자 간 협조를 이끌어내는 것이 가장 중요하다. '문제가 생길 경우 내가 책임질 일은 책임진다'라는 사명감을 갖는 것이 중요하다. 그런 사명감이 있으면 계약서 작성에 더욱 신중해지고 철저해진다.

계약에서 가장 중요한 것은 소유자 진위 확인이다. 등기부전부증명서에 기재된 주민등록번호를 대조하기 전에 신분증이 위조된 것은 아닌지 먼저 확인해야 한다. 주민등록증은 민원24시 홈페이지에서, 운전면허증은 도로교통공단 홈페이지에서 위조 판별을 할 수 있다. 특히 매매계약일 경우에 진정한 소유자를 반드시 확인해야 한다. 매수자 입장에서는 공인중개사를 믿고 전 재산을 거래하는 것이므로 진위 확인은 철저히 해야 한다. 부동산을 매매할 때 본인이 잘 모르는 매도자인 경우에는 재산세납입증명서 첨부를 요구하는 것이 좋다. 진정한 소유자인지 확인하지 않았다면 이는 100퍼센트 공인중개사의 과실이 되므로 주의해야 한다.

계약서 작성은 사례별로 다르기 때문에 직접 부딪히면서 익히는 수밖에 없다. 계약서 작성에 너무 겁먹을 필요는 없다. 기본만 잘 지킨다면 사소한 실수는 어떻게든 다 잘 처리된다. 단 한 가지만 명심하면 된다. 진정한 소유자를 정확하게 확인하는 버릇을 들여야 한다. 다른 과실들은 대충 넘어갈 수 있지만 진정한 소유자에 대한 일로 사고가 나면 큰 손해를 보게 되기 때문이다.

아파트 이름이 이렇게
어려울 줄이야

아파트를 기본으로 중개업을 하려면 계약서 작성보다 중요한 것이 있다. 지도를 보고 개업할 공인중개사 사무실 근처의 도로, 아파트, 상가 등의 위치, 방향, 조망을 살펴보아야 한다.

초보 중개사들은 개업 입지가 확정되면 개업하기 전에 근처 100미터 반경으로 도로 상황, 아파트 브랜드명, 건물명, 학군, 편의시설 등을 입에서 술술 나올 수 있을 정도로 머리에 새겨넣어야 한다. 직접 다녀보면서 지도가 머리에 그려질 만큼 연습해야 한다. 그러면서 마주치는 사람들에게 인사하고 명함을 돌리며 곧 개업할 공인중개사임을 알린다.

이미 개업한 공인중개사 사무실을 꼭 고객의 입장에서 방문해봐야 한다. 내가 멘토로 삼아야 할 만큼 서비스가 좋은 공인중개사를 찾기 위해서다. 고객 입장에서 공인중개사 사무실을 방문해보면 개업 이후에 해야 할 일과 하지 말아야 할 일을 정확하게 파악할 수 있다.

지금 내가 살고 있는 아파트 이름은 '중흥 에스 클레스' '파크뷰' '가락마을 15단지'로 세 가지다. 주로 중개하는 아파트는 6~10개인데 모든 아파트가 이렇게 이름이 세 가지이다 보니 외우기가 무척 어려웠다. 아파트 이름도 모르는데 어찌 상담이 제대로 되겠는가. 일단 근처에 있는 6개 아파트 이름부터 달달 외우고, 분양가와 현재 시세와 프리미엄을 하나씩 외웠다.

욕망 프리미엄을 이해한다

아파트는 층, 방향, 조망에 따라 가격차가 크다. 같은 동 1층과 로얄층의 가격 차이가 수천만 원 이상 나고, 같은 평수라도 다른 브랜드의 옆 아파트와 가격 차이가 수억 원 이상 난다. 전망, 입지, 학군에 따라서도 가격 차이가 수억 원 이상 난다. 상식적으로 일어날 수 없는 논리가 아파트 시장에는 존재한다. 같은 세종시 내에서 25평 아파트의 가격 차이는 최대 1억 5000만 원이고, 34평은 2억 원이 넘는다. 나도 처음에는 가격 차이가 나는 이유에 납득이 가지 않았다. 약간의 조망과 입지 차이가 '1억 원'을 더 주고 살 만큼 매력적인지 이해할 수 없었다.

아파트는 왜 이런 현상이 일어나는 것일까?《나는 부동산으로 아이 학비 번다》의 저자 이주현은 이 현상을 '욕망 프리미엄'이라고 불렀다.

"교육열을 기반으로 엄마들의 욕망을 충족시켜주는, 누구나 살고 싶어 하고 그곳에 사는 사람들에게 크나큰 자부심을 주는 아파트 단지, 그곳이 바로 그 동네의 대장주이며 나는 이 단지에 욕망 단지라고 이름을 붙였다. 바로 이 욕망 단지를 중심으로 부동산 가격이 형성되고 랜드 마크가 결정된다. 이런 욕망 단지에는 이곳에서 자녀를 교육하는 엄마들의 은근한 자부심이 녹아 있다. 누군가가 '자기, 어디 살아?'라고 물을 때 주저 없이 'OO아파트 O단지에 살아'라고 대답하며 은근히 부러워하는 눈빛을 보내는 사람들 사이에서 어깨를 으쓱할 수 있는 것, 그것이 욕망 단지의 힘인 것이다. 대부분의 욕망 단지는 교육 환경이 좋은 것은 물론, 편의시설도 잘 갖춰져 있어 생활하기 편리하고 교통까지 좋다. 따라서 특정 동네의 대장주격의 욕망 단지로 이사하려면, 기존 살고 있던 곳보다 평수를 좀 줄여야만 들어갈 수 있다. 이것이 욕망 단지의 프리미엄이다."

- 이주현, 《나는 부동산으로 아이 학비 번다》

세종시로 이사와서 아파트를 하나 계약했는데 그때는 이런 욕망 프리미엄을 전혀 몰랐다. 울산 아파트는 전세였고 집을 소유하겠다는 생각도 없었기 때문에 아파트 가격에 대한 감흥이 없었다. 브랜드 아파트보다 프리미엄이 5,000만 원가량 저렴하고 엘리베이터 없이 왔다갔다하기 편해서 비 브랜드 아파트의 2층을 구입했다. 3년이 지난 현재 가격을 비교해보니 프리미엄 차이는 같은 평수에서 1억 원

차이로 벌어졌다. 남자였던 나는 욕망 프리미엄을 놓치고 말았던 것이다. 아파트 중개는 일단 기본을 익히고 나면 여성 공인중개사를 고용하여 대신 맡기는 편이 더 효율적이다.

아파트 분양권 추첨을 경험하다

아파트 분양권 역시 욕망 프리미엄이 충족되어야 가격이 올라간다. 울산 아파트 분양권을 매도한 후 대전에서 3D업종을 할 때 두 번째 분양권을 받았다. 아내가 새벽 5시에 날 깨우더니 미분양이 난 분양권을 선착순으로 나눠준다며 세종에 분양권을 받으러 가자고 했다. 잠결에 무슨 말인지 도통 몰랐지만 일단 같이 가보기로 했다. 모델하우스는 아침부터 장사진을 치고 있었다. '아, 이런 것이 바로 TV에서 보았던 풍경이구나! 대체 이 많은 사람이 여기에 무엇하러 왔나!' 하고 소름이 확 돋았다. 그동안 내가 알지 못했던 자본주의 현장이었다. TV뉴스를 보면서 "이런, 부동산 투기에 눈이 멀어서 환장을 했구만" 하고 욕을 해댔는데 내가 당사자가 되어 현장에 와 있다니….

그날 분양하는 아파트는 '2-2 메이저 시티' 대단지였다. 당첨된 사람이 포기한 물건이나 미분양된 물건을 신청한 사람에 한해서 선착순으로 나눠주는 자리였다. 중간중간 '몇 층 얼마'라며 외치는 소리가 들렸다. 내가 무슨 소리냐고 묻자 아내는 '떴다방'이라고 대답했다. 알고 보니 그들은 미리 사람을 풀어서 당첨될 분양권을 여러 개 확보해놓고 그것을 양보하는 대신에 현금을 요구하는 것이었다. 정말 종이 주고 돈 먹는 일이었다. 그것도 몇 백에서 기천만 원씩 말이다. 신기하게도 그것을 사는 사람도 있었다.

사람들은 분양 담당직원을 에워싼 채 그들의 입만 예의 주시하고 있었다. 당첨자가 불리고 고층이 당첨된 사람은 환호성을 질렀다. 그곳에 있다 보니 몸으로 뛰며 돈을 벌던 내 삶이 괜히 미련하게 느껴졌다. 우리는 모델하우스에서 12시간을 기다린 끝에 2층 분양권을 하나 받았다. 메이저 시티 2층 분양권은 1년 후 전매가 풀린 뒤에 매도했고 프리미엄이 붙어 수천만 원을 벌었다. 12시간 아르바이트로는 최고액이 아닐까. 메이저 시티의 가격은 현재 프리미엄 1억 원 이상이다.

분양권을 처음 접하는 사람이라면 아마 나처럼 깜짝 놀랄 것이다. 입지, 학군, 여성의 욕망 프리미엄을 만족시키는 아파트는 분양권 때부터 인기가 있어서 프리미엄이 붙기 시작한다. 분양권은 부동산 투자를 시작하기에 가장 기초가 되고 쉽게 접근할 수 있는 투자처다.

공인중개사 사무실 입지가 정해지면 무엇보다도 아파트 이름, 입지, 학군 등을 구분해서 시세를 확실하게 파악해야 한다. 근처 부동산 종류를 구분하여 데이터를 만들고 주인이 누군지 알아두어야 발빠르게 매물 작업을 할 수 있다.

계약서 읽기
예행 연습을 하라

　사무실을 개업하면 어쨌든 첫 계약의 순간이 온다. 지금은 웃으면서 이야기하지만 첫 계약서를 작성했던 때 무척이나 떨었던 기억이 있다. 평소 문서 계약에 익숙하지 않다면 떨리는 것이 당연하다. '혹시 숫자를 잘못 기입하지는 않았나?' '특약을 어떻게 넣어야 하나?' 잘못된 것은 없는지 걱정되기 마련이다. 실무교육 때 귀에 딱지가 앉도록 듣는 것이 바로 계약서 작성이다. 계약서 작성을 잘못해서 공인중개사가 구상청구를 당해서 낭패를 본 사례를 많이 소개하기 때문에 걱정이 될 수밖에 없다.

　살 떨리는 첫 계약, 연습이 필요하다
　하지만 정작 위험한 것은 계약서 작성 내용보다는 계약 당일 고객을 상대하며 계약하는 과정이다. 계약 내용은 어차피 근처 공인중개사 사무실 소장에게 자문을 구하거나 예전 소장이 계약했던 샘플을 보고 그대로 베끼면 된다. 그 동네에 맞게 대부분 특약이 이미 정해져 있고 한국공인중개사협회에서 제공하는 기본 양식이 있기 때문에 걱정하지 않아도 된다.

필요한 준비는 계약서 읽는 법과 예상 질문에 대한 답변이다. 세종시는 신도시이기 때문에 하자보수 내용이 거의 없어서 계약서 작성이 까다롭지 않다. 하지만 오래된 도시는 하자보수 때문에 신경 쓸 일이 많다. 이런 일에 대비해서 월세, 전세, 매매에 맞게 예상 질문을 뽑고 답변을 준비해야 한다. 이 또한 근처 선배 공인중개사에게 자문을 구하면 된다.

제일 신경 써야 할 부분은 계약서 읽는 연습이다. 처음 읽으면 낯설고 잘 안 읽힌다. 떨어서 더듬더듬 읽게 되면 계약은 엉망이 된다. 공인중개사가 노련하게 두 고객을 리드해야 계약이 완결되는데 계약서를 읽으면서 떨고 있으면 누가 신뢰하고 도장을 찍겠는가. 계약서를 미리 작성해놓고 계약 내용을 읽는 연습을 한다. 중저음의 목소리가 신뢰를 주므로 하이톤보다는 중간톤으로 천천히 또박또박 읽는다. 처음 계약서를 작성하는 초보 공인중개사를 위해 간단하게 내용을 적어보면 이렇다.

오늘 계약은 부동산 임대 계약입니다. 소재지는 "세종시 고운동 1393번지 150X동 60X호입니다.

74

토지에 대한 지목, 면적, 대지권의 종류, 대지권 비율, 건물에 대한 구조, 용도, 면적은 등기부등본과 건축물대장에 있는 그대로 옮겨 적었습니다. 등기부등본과 건축물대장은 계약서류에 첨부 드리겠습니다.

계약내용은 보증금 '1억 원' 계약금 '1,000만 원'입니다. 계약금 은 모든 협의가 끝난 후 송금 부탁드립니다.

계약기간은 2020년 10월 10일부터 2022년 10월 9일입니다. 잔 금은 2020년 10월 10일에 '9,000만 원'을 지불하겠습니다.

'2조에서 9조' 계약에 대한 민법 내용과 임대, 임차인 협의사항 을 정리해서 특약으로 설명 드리겠습니다.

실제 계약은 계약 당사자 두 명이 있는 상황에서 적막 속에 이루어 진다. 간단한 내용인데도 아무 준비 없이 계약서를 읽게 되면 적막이 흐르는 상황에 당황해서 실수할 수 있으니 열 번 이상 연습하는 게 좋 다. 예상 질문에 조리 있게 설명하는 연습도 꼭 해야 한다.

나도 첫 계약 날, 특약 설명 중 "임대인은 임차인에게 장기수선충당 금을 지불하기로 한다"라는 부분에서 갑자기 임대인이 "그게 뭐예요? 왜 우리가 내야 해요?"라는 질문을 받았다. 답변을 알고 있었지만 떨 고 있던 터라 제대로 설명할 수 없었다. 다행히 자주 이사를 해본 임차 인이 잘 설명해줘서 위기는 모면했지만 정말 진땀나는 순간이었다.

장기수선충당금은 집주인이 건물유지보수를 위해서 매월 관리비 에서 지불해야 하는 비용인데 임차인이 빌려 사는 동안 관리비와 함께 지불하기 때문에 임대인이 비용을 내기 곤란하다. 그래서 빌려 쓰는 기간이 끝날 때 그 비용을 임대인이 한꺼번에 돌려주는 것이다.

계약일에는 임대인이나 임차인, 매도인이나 매수인 모두 약간 긴장 상태이기 때문에 무엇보다 긴장을 풀어주는 것이 중요하다. 이해가 상반되는 부분에서도 법적인 내용으로 풀기보다는 인간적으로 이해하고 양보하는 방법으로 풀어가는 것이 도움이 된다. 그래서 계약을 위해 사무실을 방문하면 서로 인사시키고 어색함을 풀 수 있도록 신경 써야 한다.

'0'을 하나 더 넣어 계약서를 작성하다

계약하고 도장까지 다 찍었는데 차후에 계약서에서 잘못된 부분을 발견하는 일도 가끔 있다. 이름이나 주소를 잘못 적었거나 숫자를 잘못 적어 넣었는데 아무도 발견하지 못하는 경우도 있다. 특히 매매인 경우에는 주민등록상 도로명 주소가 토씨 하나라도 틀리면 실거래신고가 승인이 안 돼서 명의 이전이 불가능하기 때문에 정확하게 확인해야 한다.

실수로 매매 계약서에 '0'을 하나 더 써버린 경우 어떻게 해야 할까? 초보시절에 한 번쯤 겪게 되는 실수다. 2017년 초반에 혼자 근무할 때 16단지 34평 매매를 하는데 310,000,000원 매매가를 3,100,000,000원으로 적은 채로 계약서를 마무리한 적이 있다. 두 달 후가 잔금 예정일이었는데 잔금을 준비하다 '0'이 하나 더 붙은 것을 발견했다. 나는 너무 놀라 식은땀이 났고 머릿속에는 '구상권 청구'

비상등이 울렸다. 공인중개사 사무실을 개업하면 한국공인중개사협회의 승낙으로 공제계약을 맺게 되는데, 부동산 중개행위시 공인중개사의 과실로 거래 당사자에게 재산상의 손해를 발생시킨 경우 손해배상책임 중 보상한도 내에서 협회가 중개의뢰인에게 대신 보상금을 지급하고, 협회는 공인중개사에게 손해배상금을 청구할 수 있는 구상권을 가지게 된다. '만일 매도자가 계약서 내용 그대로 이행하라고 우기면 대체 얼마를 손해배상해야 하지?' 머릿속이 하얘졌다. 이건 명백한 공인중개사의 과실이기 때문이다. 만약 이런 실수를 저질렀다면 어떻게 처리할지 생각해보면 좋겠다.

다행히 나는 매도인이 잘 아는 사람이라서 별일 없이 넘어갔지만 하마터면 큰일 날 뻔했다. 만약 나 같은 실수를 했다면 차분하게 대처하길 바란다. "계약서에 오타가 있어서 명의이전이 안 되네요. 다시 도장 찍어야 하니까 잔금일에 도장 준비하고 오세요" 하고 알리고 수정한 계약서에 서명과 도장을 다시 받으면 될 일이다. 큰일이 난 듯 고객에게 호들갑을 떨면 정말 큰일이 일어날 수도 있다.

계약서를 작성하다 보면 크고 작은 실수를 저지르기 마련이다. 항상 고객에게 예의를 갖춰 성심성의껏 응대해야 한다. 나에게 호의를 가지고 있어야 사소한 실수가 있어도 법적으로 물고 늘어지는 일을 피할 수 있다.

고객과의 커뮤니케이션에는
요령이 필요하다

공인중개사 업무는 방문 상담이나 전화 상담의 비중이 크다. 부동산 마케팅의 목적은 결국 고객이 전화를 걸거나 사무실에 방문하도록 유도하는 것이다. 상담이 계약의 출발이기 때문이다. 그런데 전화 응대나 방문한 고객의 응대를 잘못한다면 마케팅에 쏟은 모든 노력이 헛수고가 된다.

상담 경험이 전혀 없다면 상담 업무가 부담스러울 수 있다. 경력 있는 직원과 같이 근무하면 전화 응대와 대면 상담에 기술을 빨리 익힐 수 있다. 전화 상담과 대면 상담의 핵심을 간단히 살펴보겠다.

전화 상담의 기본은 웃는 얼굴이다
전화 상담부터 모든 고객 관리가 시작된다. 전화 상담의 목적은 고객이 사무실로 걸음하도록 하는 것이다. 전화 상담만 하고 방문하지 않는다면 아무런 의미가 없다. 전화로는 표정이나 몸짓이 보이지 않기 때문에 더욱더 신경 써서 응대해야 한다.

전화상이라도 목소리 톤이나 억양으로 상대방이 어떤 감정인지 대강 짐작할 수 있다. 전화 상담만으로 '이 공인중개사 사무실은 친절하고 유용한 부동산을 연결해주겠구나'라는 신뢰를 주려면 부단한 노력이 필요하다.

원활한 전화 상담을 위해 고객관리 프로그램을 설치하면 좋다. 처음 전화 상담을 한 고객은 프로그램에 상담 내용을 저장해두고 알람을 설정해둔다. 그러면 고객이 전화했을 때 지난 상담 내역 정보가 컴퓨터 상단에 뜨기 때문에 누가 전화를 받든 능숙한 상담이 가능하다.

전화를 받을 때 웃는 얼굴로 전화를 받으면 좋다. 인간은 웃는 표정으로는 화를 낼 수 없다고 한다. 웃는 표정으로 전화를 받으면 상대방이 목소리를 듣는 즉시 호감을 느낀다. 목소리에는 표정이 전달되는 효과가 있음을 기억하기를 바란다. 또 전화를 너무 빨리 받는 것도 실례. 서너 번 정도 울린 다음 전화를 받는 게 좋다.

고객이 원하는 물건이 없더라도 '안 된다' '없다'라는 부정적으로 답하기보다는 '최선을 다해 찾아보고 다시 연락드리겠다'라고 답하여 고객과의 접점을 유지해야 한다. 내가 주로 하는 답변으로 예로 들면, "저희 부동산에 찾는 물건이 없긴 한데, 혹시 다른 부동산에서 물건을 찾으시면 제가 한 번 더 가격이 맞는지 확인해드릴 테니 다시 전화주세요"라고 답하는 게 좋다.

방문자 상담은 이렇게 하라

공인중개사 사무실을 방문하는 고객들은 주로 매수 고객이나 임차 고객이다. 이때 고객들은 약간의 망설임을 안고 있다. 매수 고객이나 임차 고객은 계약 경험이 많지 않기 때문에 사무실에 들어오는 것 자체를 주저하는 성향이 있다. 그들의 이런 두려운 감정을 공인중개사는 이해해야 한다.

그런 성향 때문에 대부분 사무실을 들어오면 자리에 앉기도 전에 "여기 가격 얼마예요?"라고 용건부터 꺼내고 궁금증이 해결되면 바로 나갈 준비를 한다. 오기 전에 시세를 다 알아보았을 텐데도 혹시나 하는 마음에 공인중개사 사무실을 들르는 것이다. 이때 가장 중요한 것이 '눈맞춤'이다. 고객의 눈을 바라보면서 부드럽게 응대하고 자연스럽게 자리에 앉도록 유도해야 한다.

공인중개사 사무실은 많다. 사무실을 나가면 고객은 다른 사무실에서 상담할 것이다. 사무실에 찾아온 고객은 절대로 놓쳐서는 안 된다. "얼마예요?"라는 질문에 단답하면 상담은 종료되어버린다. "평수에 따라, 층에 따라 다른데요, 가족은 몇 명이세요?" "자제분은 있나요? 몇 살인가요?" "세종은 처음 오시는 거죠?" "어디서 오셨어요?" 등등 상황에 따라 적절한 질문을 하면서 손님을 자리에 앉히는 것이 중요하다. 차한잔을 하면서 서로 많은 이야기를 나누면 계약할 확률이 높아진다.

대면 상담의 기본은 '경청'이다. 대부분의 고객은 많은 정보를 이미 알고 온다. 단지 본인이 아는 것을 한 번 더 확인하려는 것뿐이다.

"정말 잘 아시네요"라고 맞장구를 쳐주면서 고객이 진정으로 원하는 것이 무엇인지 파악해야 한다. 실속파로 저렴한 것을 중시하는지, 투자자로서 향후 오를 가능성에 무게를 두는지 파악한 후 고객이 원하는 방향이 옳다고 동의해주는 것이 가장 좋다. 싼 것을 원하는 고객에게 앞으로 투자 가치가 있으니 비싼 아파트를 사라고 한다면 계약 확률이 떨어지는 것은 당연지사다.

대면 상담에서도 공인중개사가 말을 많이 하면 실패한다. 고객의 말에 귀를 기울이고 많이 들어줘야 상대방의 기분이 좋아진다. 결국 대면 상담은 경청 기술이 좌우한다. 최고의 판매 달인이 말하는 설득 요령은 7:3의 비율로 고객에게 더 많이 대화하도록 만드는 것이다.

고객과의 라포 형성이 관건이다

전화 상담이든 방문 상담이든 고객과의 라포(rapport) 형성이 중요하다. 라포는 심리학 용어로 내담자와 상담자가 신뢰로 이어진 관계를 말한다. 부동산 중개업은 큰 금액이 오가기 때문에 그 어떤 일보다 믿음이 가는 사람을 통해 계약하려고 한다.

첫 전화 또는 방문 이후에 자주 전화해서 안부를 묻고 일부러 찾아가면서 자연스러운 믿음을 쌓아야 한다. 그렇다고 억지로 하라는 말은 아니다. 모든 고객을 그렇게 대하기도 힘들다. 본인과 성향이 맞고 가능성이 있는 고객 몇몇에게 정성을 들이는 게 좋다.

투자 고객이라면 너무 서두르지 말고 고객이 원하는 매물을 찾을 때까지 꾸준히 관계를 유지한다. 나도 2년간 라포를 형성한 끝에 대전에 있는 15억 원대 다가구 주택 계약을 했다. 결국 라포 형성은 '나는 당신 하고만 계약하겠다'라는 전속 계약 형태를 가능하게 만든다. 라포 형성이 된 고객이 많을수록 매출이 늘고 사업에 재미가 붙을 것이다.

라포 형성을 위한 또 다른 방법으로 하루를 마감할 때 오늘 통화한 리스트를 정리하면서 중요 고객을 '은인'으로 분리하는 작업이 있다. '은인'은 나를 통해 계약하거나 내게 도움을 준 사람을 일컫는 나만의 고객관리법이다.

업무를 하다 보면 하루에 굉장히 많은 통화를 하게 된다. 그러다 보니 중요한 일들을 깜빡 하고 놓치는 일이 종종 있다. 그래서 고안한 방법이 '은인'을 따로 관리하는 방법이다. 전화번호, 상담 내용, 처리해야 할 사항을 일목요연하게 정리해놓고 TM 시간에 '은인'만 따로 전화를 건다. '은인' 관리를 통해 차곡차곡 히스토리를 만들어가는 것이다.

양도세는
전문가에게 맡겨라

택지를 중개하다가 양도세 계산을 잘못해서 500만 원을 매도자에게 배상해준 적이 있다. 택지는 신도시 건설이 되면서 생기는 부동산이다. 토지수용법에 따라서 원주민이 살던 부동산이 수용되는데, 생활권을 침해받은 원주민에게 생활 대책의 일환으로 택지개발지구 안에 단독주택 필지로 80~100여 평 정도의 택지를 분양받을 수 있는 권리가 생긴다. 즉 소위 말하는 '딱지' 중에 하나가 택지다. 조성원가의 70~80퍼센트로 분양해주는 '이주자택지'가 있고 조성원가의 100퍼센트에 분양해주는 '협의자택지'가 있다.

토지를 개발해본 개발업자는 잘 알겠지만 비도시 지역에서 전, 답, 임야 등을 대지로 만들려면 개발행위허가를 받아 토목공사를 마친 뒤 건축허가를 받아 건물까지 지어야 토지의 지목을 대지로 바꿀 수 있다. 이 과정에서 시간과 비용이 많이 소요된다. 즉 '대지' 지목의 땅값은 그만큼 가치가 있는 것이다. 그런데 택지 지목은 처음부터 대지다. 게다가 신도시의 좋은 위치에 있는 데다 생활편의시설이 다 갖추어져 있기 때문에 그만큼 시간이 지날수록 가치가 올라간다.

'택지'는 등기가 나지 않아도 70~80퍼센트 대출이 가능하다. 즉 투자 원금이 적게 든다. 원주민의 부담을 줄여준다는 명목하에 계약금을 넣은 후에 2~3년에 걸쳐 6~8회차로 택지대금을 분납해서 중도금을 납부하도록 되어 있다. 한꺼번에 목돈이 들어가지 않기 때문에 '택지' 부동산이 투자자들에게 인기 있는 품목일 수밖에 없다.

택지를 분양하는 한국토지주택공사는 가까운 은행과 업무 협약을 맺는다. 소유권을 확인할 수 있는 등기부가 존재하지 않으므로 계약금 10퍼센트와 중도금 10퍼센트(분양가의 20퍼센트)가 현금으로 납부된 상태라면 한국토지주택공사에서 분양자에게 추천서를 작성해준다. 그러면 은행에서는 한국토지주택공사의 추천서를 믿고 대출을 해준다. 특히 이주자택지는 조성원가의 70~80퍼센트이기 때문에 분양받자마자 프리미엄이 붙는다. 분양자들은 계약금과 중도금 일부와 대출을 활용해서 2~3년간 가격이 오르기를 기다릴 수 있다.

예를 들어 조성원가가 3억 원이라고 한다면 6,000만 원 정도면 소유권을 가져올 수 있다. 2~3년 사이에 프리미엄이 상당히 붙기 때문에 이를 아는 사람들은 전국적으로 입지 좋은 택지에만 투자를 하기도 한다. 일반 분양 물건도 있기 때문에 LH 홈페이지를 통해 택지 공고를 꼼꼼히 확인하고 입찰에 참여해보면 좋다.

토지사용가능일은 취득일로 볼 수 없다

택지는 분양 후 순차적으로 중도금을 납부하는데 중도금을 어느 정도 납부하면 등기가 나지 않아도 토지사용가능일을 정해준다. 토지사용가능일이 지나면 한꺼번에 잔금을 납부하고 집을 지을 수 있다.

잔금을 납부한 이후에 2개월 정도 지나면 소유권을 확인할 수 있는 공적인장부인 등기가 나오게 된다. 이때 문제가 되는 것이 '잔금납부일' '토지사용가능일' '등기에 기입된 날' 중에 어느 날을 취득일로 보느냐다. 양도소득세 계산은 취득일과 양도일이 매우 중요하다. 만일 취득일과 양도일 기간 차이가 1~2년 사이면 40~50퍼센트의 세금이 적용되기 때문이다. 2년 이상일 때 일반세율로 누진적용이 되기 때문에 투자자가 양도세에 대해 민감할 수밖에 없다.

택지중개를 하면서 취득한 지 2년이 안 되는 토지는 보통 2년 조건을 충족시켜서 40퍼센트 세율을 피해 계약을 하게 된다. 이때 토지사용가능일과 등기일 잔금납입일 중 빠른 날을 취득일로 보고 양도세를 잘못 계산하는 경우가 있다. 주의할 점은 토지사용가능일은 잔금을 완납했을 경우에만 취득일로 인정된다는 점이다.

초보 시절, 택지 경험이 부족하여 세무사에게 상담한 적이 있는데 그때 세무사는 "토지사용가능일도 취득일로 볼 수 있을 것 같아요"라고 했다. '볼 수 있다'는 것은 '안 될 수도 있다'는 말이기 때문에 조심해야 한다. 세무사들은 확정적인 말을 하지 않는다. 그만큼 세법에는 변수가 많기 때문이다.

중개를 할 때 양도세에 대해서 자신이 전문가인 것처럼 "나만 믿고 진행하세요"라고 하면 절대 안 된다. "저는 이렇게 생각하지만 꼭 세무 전문가에게 상담받으셔야 합니다"라고 마무리해야 한다. 결과적으로 세종시에서는 택지의 경우 토지사용가능일을 취득일로 보지 않는다는 것이 세종세무서의 답변이다. 중요한 사안이므로 확인이 필요하다면 최종적인 양도세 문의도 세무사만 믿지 말고 담당 공무원에게 질의하는 것이 가장 좋다.

연체 사실을 확인한다

별일 없이 끝난 줄 알았던 양도세가 문제가 된 이유는 매도자의 연체 사실 때문이었다. 매도자는 2015년 11월 17일 마지막 잔금을 납부했다고 했고, LH에서 처음 나누어준 분할 납부 서류를 보여주었다. 날짜도 고객이 말한 그날이 마지막 납부일이었다. 그래서 2년을 맞추어서 잔금일을 2017년 11월 18일로 정해 계약서를 작성했다. 잔금 납부 사항은 본인만이 확인할 수 있기 때문에 전적으로 매도자의 말을 믿었던 것이다. 그런데 한참이 지난 후 세무 대리를 맡긴 세무사에게 전화가 왔다.

"이거 큰일 났는데요. 2년이 안 됩니다. 잔금을 두 달 연체해서 44퍼센트 세금이 나오겠습니다."

청천병력이었다. 연체 때문에 차이가 나는 세금액은 500만 원이었다. 그때부터 고민이 시작되었다. '이 일을 나의 과실로 봐야 할까?' '고객의 말만 믿고 서류를 확인하지 않은 것이 내 책임인가?' 역시 내 책임이라는 결론이 났다. 이번 중개는 매도자가 2년이 지나서 양도세가 줄어든다는 것을 믿고 한 거래이기 때문에 내가 책임을 느낄 수밖에 없었다.

택지 거래시에는 꼭 LH에서 발급해주는 잔금납부확인서를 본인에게 요청해야 한다. 처음 분양시에 받은 서류는 무시하고, 계약하는 당일에 고객에게 전화해서 잔금납부확인서를 팩스로 보내 달라고 요청하면 된다.

누구의 과실로 보아야 할지 애매한 경우에 처리 방식도 중요하다. 고객 입장에서 본인의 실수 때문에 공인중개사가 500만 원을 대신 냈다는 사실을 알면 약간 미안한 마음이 드는 것이 인지상정이다. 하지만 본인이 실수했어도 금전적인 손해는 보려 하지 않을 것이다. 얼굴 붉힐 필요 없다. 돈도 잃고 사람도 잃는 실수를 해서는 안 된다. 사고가 터지면 사고 수습을 위해 최선의 노력을 하고 있다는 것을 고객에게 수시로 보고하여 알린다. 그러면 오히려 더 끈끈한 사이가 될 수도 있다.

500만 원을 내 과실로 처리하겠다고 마음먹긴 했지만 일단은 고객에게도 과실이 있으니 50퍼센트씩 부담하자고 말을 꺼내보기로 했다. 세무대리인에게 고객도 실수한 점이 있다는 것을 어필해 달라고 부탁했다. 공인중개사가 너무 쉽게 100퍼센트 과실이라고 인정해버리면 고객은 전혀 마음의 짐을 느끼지 못하게 된다. '어려운 상황에도 불구하고 공인중개사가 100퍼센트 책임졌다'라는 점을 강조해야 고객이 고맙고 미안한 마음을 가지게 된다.

약간의 실랑이 끝에 내가 100퍼센트 책임을 지겠다고 말하니 고객도 미안한 마음에 필지가 하나 더 있는데 이 택지 거래는 코끼리부동산에 전속으로 맡기겠다고 했다. 부동산 중개업은 모든 실수가 결국 돈으로 직결된다. 하지만 결국 사람이 우선이다. 손실을 감수하더라도 사람을 잃지 말아야 한다.

이 일을 계기로 양도세와 필요 서류에 대해 철저하게 챙기는 버릇이 생겼다. 실수를 하면서 배우는 점도 있지만, 부동산업은 그 실수가 항상 돈과 연관되어 있기 때문에 자칫 금전적 손해로 이어질 수 있다. 사실 양도세는 공인중개사의 업무가 아니다. 하지만 고객은 공인중개사가 대신 양도세 업무를 해주기 바란다. 간단한 양도세 업무는 홈택스에서도 가능하지만 매도자의 재산에 따라 양도세 적용이 달라지므로 모든 것을 파악하기는 어렵다. 그러므로 양도세는 세무 전문가를 통해 해결하라고 권하는 편이 현명하다. 이때 일이 귀찮아서 미룬다는 인상을 주면 안 된다. "어느 공인중개사가 양도세를 잘 안다고 계산했다가 매도자가 1,000만 원의 세금을 더 낸 적이 있다"는 스토리를 만들어서 세무사를 통해 처리하도록 유도하는 것이 좋다.

한눈팔지
마라

코끼리공인중개사 사무실은 상가건물 101호인데, 아는 사람에게 같은 건물 107호를 매매중개해준 적이 있다. 101호를 분양받을 때 이미 상권을 분석했는데, 1층 상가 개수 8개는 다른 아파트에 비해 현저하게 적은 수였다. 게다가 바로 근처 16단지에는 대형 마트가 들어와 있어서 단지 내에 들어올 세탁소, 미용실, 치킨 집 등 상가품목이 전혀 없었다. 나는 쉽게 임대가 이루어질 것이라고 예측했다. 그래서 아는 사람에게 107호를 매수하라고 강력하게 권했던 것이다. 그런데 몇 달이 되도록 임대가 채워지지 않자 마음이 불편해졌다.

코끼리공인중개사 사무실이 있는 15단지 아파트는 365세대라서 배후 인구가 적지만 16단지는 700여 세대였다. 게다가 단지 내 상가가 마트와 파리바게트로 다 채워졌으니 장사를 하면 충분히 승산이 있어 보였다. '통닭집을 차리면 대박이 날 텐데…' 라는 생각에 소개했지만 상인들은 고민만 하다가 돌아서곤 했다. 바로 인근 세대가 2,000여 세대이고 아직 변변한 음식점이 없는 상황이라 좋은 조건으로 보였는데 말이다.

초보라 중개 일도 잘 안 되고 아내도 목이 아파서 쉬고 있는 상황이라서 답답한 마음에 뭐라도 해보자는 심정이었다. 우리가 투자시킨 고객인데 월세를 받지 못하고 있으니 왠지 죄를 진 것 같은 기분도 작용했다. 투자자의 마음고생을 덜어주고 싶었고 공인중개사로서 완전한 책임중개를 실현하고도 싶었다. 또 한편으로는 통닭집을 하면 인근 아파트 사람이 많이 오게 될 테고, 자연스럽게 고객을 확보할 수 있을 것 같다는 생각도 들었다. 보란 듯이 대박 내서 다른 상가까지 유치하고 싶은 욕심도 있었다.

옛날통닭 가게를 열다

마침 대전에서 프랜차이즈 박람회가 열려서 사업 아이템을 고르러 발걸음을 했다. 우리 목표는 가게를 성공시켜 권리금을 받고 나오는 것이었다. 문제는 창업자금이었다. 창업자금이 적게 들면서도 대박 날 수 있는 아이템을 찾다가 눈에 들어온 것이 옛날통닭 브랜드였다. 가격이 저렴하고 맛있는 데다 오픈 비용이 적게 들었기 때문이다.

옛날통닭으로 아이템을 정하고 가게를 오픈하자마자 말 그대로 문전성시를 이루었다. 가게는 10평이었지만 가게 앞 빈 공간이 넓어서 탁자를 10개 정도 놓을 수 있었다. 우리 가게 통닭이 싸고 맛있다는 소문이 동네에 쫙 퍼지면서 매출이 치솟았고 죽은 상권까지 살아났다. 덤으로 '공인중개사 사무실 사장이 통닭집까지 하면서 열심히 살아간다'는 이미지도 얻었다. 무엇보다도 내게 투자를 권유받은 임대인에게 월세를 줄 수 있어서 기뻤다.

그런데 두 가지 일을 동시에 하다 보니 점차 힘에 부치기 시작했다. 무엇보다 힘든 것은 민원이었다. 편의점과 다르게 요식업인 경우 신고를 한 영업장 내에서만 영업이 가능하다는 사실을 몰랐다. 근처 아파트에서 시끄럽다는 민원을 자주 제기해서 가게 안에서만 손님을 받을 수밖에 없었다. 가파르게 올라가던 매출이 평타로 돌아왔다. 가게를 내놓고 공인중개사 업무에만 집중하기로 마음먹었다.

하지만 그때 하필 그만 조류인플루엔자(AI)가 터지고 말았다. 통닭집 매출이 순식간에 곤두박질쳤다. 음식 장사가 이 정도로 리스크가 크다는 사실을 절감했다. 그제서야 가게를 찾아오는 고객의 소중함을 새삼 느꼈다.

그렇다고 이대로 주저앉을 수는 없었다. 장사라는 것이 잘되면 권리금을 받고 넘길 수 있지만, 안 되면 고생만 하고 손해를 입게 된다. 위기를 극복하기 위해 머리를 짜내어 'DM으로 쿠폰 발송하기'라는 대책을 강구했다. 그동안 고객에게 감사하다는 말을 전하고 "AI는 튀기면 무해하다"는 안내와 함께 1,000원짜리 할인 쿠폰을 2,000세대 모두 우편으로 발송했다. 긍정적인 반응이 즉각적으로 왔다. 한편으로 옛날통닭 가게를 인수할 사람이 있으면 소개해 달라는 소문도 냈다. 그렇게 새로운 주인에게 통닭집을 넘기고 끝낼 수 있었다.

결론적으로 통닭집을 하면서 큰 수익은 보지 못했지만 장사를 하는 임차인의 마음을 조금 더 알게 되었고, 동네 주민들과 더욱더 친밀한 관계를 맺는 계기가 되었다. 정말 쉬운 일이 하나 없다는 깨달음과 함께 공인중개사 사무실일에 온힘을 다해야겠다는 다짐을 하게 만든 경험이었다.

공인중개사 업무에 집중하라

솔직히 공인중개사 업무에 자신이 없어서 옛날통닭 일을 적극적으로 진행했던 것도 있다. 부지런히 집을 보여주고 열심히 전화 상담을 해도 계약은 쉽게 성사되지 않았고 가만히 앉아 일하는 것이 지겹기도 했다.

하지만 1년 정도 장사와 공인중개사를 겸업해보니 어느 한쪽도 제대로 못하고 모두 엉망이 되었다. 밤늦게 일 끝내고 한두 잔 술을 마셨는데, 바닥 난 체력이 따라주지 않아 출근 시간이 갈수록 늦어졌다. 악순환이 이어졌다.

장사를 통해서 버는 돈은 오랜 노하우가 있어야 정말로 돈이 된다는 사실도 알게 되었다. 장사를 안 해본 사람들은 매출만 늘면 돈이 된다고 생각하기 십상이다. 하지만 보이지 않게 나가는 지출을 관리하지 못하면 매출이 늘어도 돈이 되지 않는다. 모든 깨달음은 이렇게 몸과 돈을 버리고 나서야 찾아온다.

공인중개사를 하면서 겸업하는 사람이 있는데 특별한 사정이 아니라면 적극적으로 말리고 싶다. 아무리 힘들다고 해도 전문성을 살리고 성과를 내기 위해서는 한 가지 일에 집중해야 한다. 특히 일을 시작하고 몇 달 동안 성과가 안 나면 불안해진다.

애초에 자격증을 따고 공인중개사 일을 시작할 때 영업을 배운다는 마음을 갖는 게 좋다. 어떤 공인중개사 사무실도 일을 배우러 오는 초보 공인중개사를 반가워하지 않는다. 일을 배우고 나면 경쟁자가 되기 때문이다. 일을 가르쳐주면서 월급까지 줘야 하니 당연히 달갑지 않으리라.

초보 시절에는 일을 배운다는 신념으로 급여에는 신경 쓰지 말아야 한다. 1년 정도는 공인중개사 기본업무를 익히고 어떻게 자신의 사무실을 고객들과 동료들에게 알릴지에 집중해야 한다. 매출이 안 난다고 해서 다른 아르바이트를 하는 것은 길게 보았을 때 별로 도움이 안 되는 선택이다. 공인중개사 사무실을 개업했으면 1년을 배우는 기간으로 잡고 전력을 다하는 것이 더 낫다. 책을 읽고, 교육을 받고, 선배 공인중개사를 적극적으로 사귀는 것이 부동산 에이전트로 성공하는 데 도움이 된다.

강점을 활용하여
마케팅하라

2018년 7월 8일에 '노래하며기타치기(노타치)' 동아리 3회 공연이 있었다. 처음에 코끼리공인중개사 사무실에서 7명을 상대로 했던 기타 강의가 이제는 30여 명 규모로 커졌다. 기타 강의는 네오비 중개실무교육을 받을 때 사권 선배에게 들은 말을 계기로 시작하게 되었다. 동네에서 모바일 강의를 했더니 주민들과 친해지고 소문도 좋게 나서 매출 향상에 도움이 되었다는 말이었다. 사실 모바일에 취약한 연령대 중에 부동산 결정권을 가진 사람이 많기 때문에 아주 홍보 효과가 좋았다고 한다. 마케팅을 너무 어렵게만 생각하지 말고, 자신의 강점을 적극적으로 활용하라는 것이 선배의 조언이었다.

노래하는 공인중개사

내 강점은 당연히 기타와 노래다. 기타와 기타교본을 사서 독학하려는 사람이 많다. 그런데 대부분은 조금 시도하다가 집구석에 고이 모셔둔다. '노타치'라는 이름을 짓고 곧바로 실행에 옮겼다. 기타 치면서 노래하는 동영상을 세종시에서 가장 활성화된 카페인 '세종닷컴'에 올리고 무료 수강 회원을 모집했다. 그리고 동네에도 무료 기타교실을 홍보했다. 그렇게 모은 7명을 상대로 매주 2회씩 사무실에서 기타 강의를 시작했다. 건축사, 세무사, 토목설계사, 공무원, 선생님 등 수강생의 직업은 다양했다. 새롭게 만난 인연으로 삶이 더욱 풍요로워졌다. 또 세종시에 거주하는 기타를 사랑하는 사람들과도 자연스레 교류하게 되었다. 특히 공인중개사 통기타 모임과는 종종 만나 음악적 교류를 나누게 되었다.

세종시 개업 공인중개사는 1,000여 명이나 되어서 뇌리에 남기 어렵다. 그런데 나는 '노래하는 공인중개사'라는 별명으로 많은 사람에게 알려졌다. 송년회나 신년회 등 행사 때 기타를 치면서 노래를 하니 자동적으로 코끼리공인중개사 사무실 홍보가 된 것이다. 친한 이들 사이에서 나는 '코끼리'로 불리게 되었다. 상호명이 쉬워서인지 공동중개도 많이 할 수 있었다. 다른 문화예술단체 행사에 초대받는 일이 잦아졌고 그렇게 알게 된 사람들은 모두 내 소중한 고객이 되었다.

처음에는 시간을 내서 재능 기부를 하는 것이 시간 낭비처럼 보이지만 결과적으로 보면 사업에 여러모로 도움이 된다. 시간은 오래 걸리지만 영업이 아니면서도 확실한 홍보 효과가 있다.

카이로스를 오픈하다

모든 신도시가 홍역처럼 치르게 되는 공실 상가 문제가 세종시에 도 등장했다. 아파트 단지 내 상가를 200여 개 승인해준 곳도 있어서 준공이 완료된 후에는 문제가 더 심각해질 듯하다. 분양을 전문으로 하는 상가분양전문 대행사들은 본부의 컨설팅에 따라서 상가 분양에 전력을 다한다. 상가분양 수수료는 매매가의 1~10퍼센트이다 보니 고객의 이익보다 수수료 챙길 욕심을 앞세워 분양하는 경우도 있다.

'10년 임대 확정'이란 플래카드가 있으면 일단 의심해야 한다. 상황에 따라 다르겠지만 브랜드가 입점하지 않은 상태에서 분양하는 경우도 있기 때문이다. 공인중개사와 달리 분양 직원은 법적인 책임이 없고 상부에서 받은 교육대로 셀링 포인트만 외워서 전달한다. 상가 수익률 8퍼센트 이상이 상당히 매력적인 수치이긴 하지만 세종시 같은 신도시는 상가가 구도심처럼 활성화되기 위해서 10년 정도의 시간이 필요하기 때문에 분양 당시 수익률은 중요하지 않다. 얼마나 좋은 위치에 경쟁력 있는 브랜드가 입점했느냐가 더 중요하다. 상가를 한 번 잘못 분양해서 경제적 손실을 끼치면 한 가정이 파탄날 수도 있다. 분양 직원 이야기만 듣고 고객에게 상가를 잘못 유치했다가 평생 마음에 부담을 가지고 살아야 할지 모른다.

2018년 3월, 나는 '사장학 학교' 김승호 대표가 경영하는 스노우폭스 본사 방문을 위해 미국 휴스턴으로 여행을 갔다. 본사 방문도 의미 있었지만 김승호 대표와 20여 명의 사장이 나누는 질문과 대답 시간이 아주 값진 경험이었다. 김승호 대표는 사업에 대해 이야기하기를 좋아했다. 7차례 겪은 큰 실패를 통해 배운 바를 다른 사장에게 전하고 싶다는 진심이 전해졌다.

나는 김승호 대표에게 부동산에 대해 질문했다. 특히 세종시 공실 상가를 살릴 수 있는 방안을 물어보았다. 김승호 대표는 모든 사업은 결국 마지막에 부동산업으로 가게 된다며, 맥도날드는 햄버거를 파는 회사가 아니라 부동산업을 하는 기업이라고 예를 들었다. 만일 누군가가 폐허가 되어가는 건물을 사서 임대료를 받을 수 있는 건물로 탈바꿈시킨다면 그 건물의 가치는 올라갈 것이라고 했다. 또한 사람들을 몰려오게 할 능력이 있다면 월세 살이를 하지 말고 과감하게 건물을 사서 그 가치를 높이라는 조언을 해주었다. 그리고 세종시의 구체적인 상황을 모르니 공실 상가에 대한 대답을 할 수 없다며 말을 마쳤지만, 나는 김승호 대표의 말로 '사람들을 오게 하면 공실 상가도 가치 있게 탈바꿈시킬 수 있겠구나'라는 실마리를 얻었다.

어떤 공간이 가치를 가지려면 사람이 모여야 하고 사람을 모으려면 그 공간에 즐거움과 배움이 있어야 한다. 내가 이를 제공해준다면 사람들은 모일 것이라는 확신이 서게 되었다. 나는 코끼리부동산의 부설교육기관인 카이로스를 오픈했다.

어떤 교육을 시작할까 고민하다가 토지교육을 하기로 결정했다. 앞으로의 세종시 부동산 시장은 주택 시장이 활성화되기가 어려운데 대부분의 공인중개사들이 토지 시장에 대해서는 어렵다고 여겨 쉽사리 다가서지 못했기 때문이다.

어떤 강사를 모시느냐가 관건이었다. 예전부터 즐겨 읽던 〈세종매일〉 부동산칼럼에 연재한 김태용 교수가 제일 먼저 떠올랐다. 김태용 교수는 세종시 초창기부터 공인중개사 사무실을 직접 운영하면서 세종시의 토지 시장을 경험한 베테랑이다. 그는 카이로스의 교육 취지에 공감하며 흔쾌히 토지교육에 동참해주었다. 김태용 교수의 강의는 예상보다 훨씬 호응이 좋아서 주말에도 강의가 신설되었다.

카이로스를 통해 아이디어만 좋으면 공실 상가도 교육장, 강연장, 동아리방, 소공연장 등으로 활용해서 살아남을 수 있음을 보여주고 싶었다. 인구가 늘어나고 공간에 대한 수요가 늘면 '세종시 스페이스 클라우드'를 조성하여 공간 렌탈 사업을 임대인에게 제안해볼 생각이다.

사업을 잘하는 뾰족한 수가 없듯이 부동산 에이전트로 성공하는 지름길은 없다. 축구 경기를 보면 축구 해설가가 '골을 만든다'라는 표현을 한다. 부동산 에이전트도 자신의 '골'을 직접 만들어야 한다. 스스로 아이디어를 내고 그것을 실천해보고 혹여 실패하더라도 다시 수정하면서 말이다.

블로그 포스팅,
법칙을 따라라

두세 달 전부터 2년간 매일 글을 올리며 정성을 쏟았던 블로그가 검색되지 않았다. '저품질'이 되어 '블라인드 처리'가 된 것이다. 말로만 듣던 일을 직접 겪으니 맥이 풀리고 정말 미칠 노릇이었다.

네이버는 일반인이 직접 경험한 생생한 정보를 제공하기 위해 블로그를 활성화시키고 있다. 그런데 블로그가 생생한 정보 전달보다는 영업의 통로로 많이 활용되는 일이 잦아지자 이를 개선하기 위해 '하이 콘텐츠(high contents)'에 대한 기준을 세운 것이다. 하이 콘텐츠는 상위 페이지에 노출시켜주지만 속칭 '저질 콘텐츠'는 노출시켜주지 않는다는 내용이다.

아파트나 부동산에 대한 정보를 공들여 올린 내 블로그가 검색되지 않는다면 그만큼 매수자 확보가 어려워진다. 네이버는 네이버 부동산, 네이버 광고, 네이버 블로그 등 광고 채널로서의 영향력이 대단하다. 부동산 에이전트라면 꼭 정복해야 하는 홍보 채널이 바로 네이버다. 그렇다면 네이버가 양질의 콘텐츠라고 인식하게 만들려면 어떻게 해야 할까? 블로그에 글을 아무리 열심히 쓴다고 해도 나처럼 저품질 처리가 된다면 모든 것이 헛수고다. 저품질에 걸리는 블로그는 기본적으로 불법적인 내용, 혐오감을 주는 내용, 성인 음란성 내용, 스팸 내용, 기계적으로 대량생산된 내용, 개인정보를 포함하는 내용 등이다. 특히 홍보를 열심히 한 후에 마지막으로 "010-2275-XXXX으로 연락주세요"라고 쓰는 것은 곤란하다. 잘 알려지지 않았지만 저품질에 걸리지 않기 위해 꼭 알아야 할 내용이 있다. 바로 IP관리와 유사 문서 반복이다.

가장 중요한 IP관리

포털 사이트는 블로그를 만들어주는 대행사를 가장 싫어한다. 이들은 자신의 스토리가 아닌 가짜 스토리를 생산해내기 때문이다. 처음 공인중개사 사무실을 열면 블로그 대행사, 키워드 마케팅 영업 관련 전화가 온다. 결론부터 말하면 배워서 직접 하는 것이 좋다. 블로그든 키워드 마케팅이든 현장감이 없으면 불가능하다. 남에게 맡기더라도 일단 본인이 할 줄 알고 난 다음에 아웃소싱하는 것이 좋다.

그리고 노트북을 들고 카페나 집에서 블로그 글 쓰기는 삼가야 한다. 내 블로그 IP가 자주 바뀌면 여러 사람이 쓰고 있다고 보고 저품질에 걸릴 수 있기 때문이다. 한 IP로 여러 사람이 블로그를 쓰는 것은 삼가야 한다. 블로그를 공부한다고 모여서 같이 공감도 누르고 댓글도 쓰는데, 이런 일이 잦아지면 대행사라고 인식해서 저품질에 걸릴 수 있기 때문이다.

특히 카페에서는 여러 사람이 한 IP를 공유하므로 아주 위험하다. 누군지도 모르는 사람들과 한 IP로 동시에 블로그를 쓰다가 공유하는 누군가가 저품질 블로그로 블라인드 처리되면 덩달아 저품질 블로그로 전락할 수 있다. 블로그 관리에서 가장 중요한 것은 IP관리라는 점을 명심하고 블로그 포스팅은 사무실에서만 하기를 권한다. 만일 사무실이 아닐 경우에는 스마트폰을 모뎀으로 활용하는 테더링(tethering) 기능을 사용하면 단독 IP로 깔끔하게 접속할 수 있다.

유사 문서를 반복해서 쓰지 마라

유사 문서는 책이나 남이 쓴 글을 베낀 것을 말한다. 포털사이트가 상위에 노출시켜주는 것은 창조적인 포스팅이다. 명언을 그대로 베껴쓰거나 책을 그대로 짜깁기하면 유사 문서에 걸려서 블라인드 처리가 된다.

독서 후기를 쓸 때에도 발췌한 부분은 큰따옴표(" ")로 표시해야 한다. 아니면 이미지로 만들어서 올리는 것이 현명하다. 책 내용을 쓰더라도 본인의 생각이 가미된 포스팅을 해야 한다.

또 키워드를 남발해서도 안 된다. 여기서 키워드는 고객들이 검색할 것으로 예상되는 단어를 말한다. 예를 들어 '고운동 싼전세'를 키워드로 잡고 포스팅할 경우, 내용 중간중간에 '고운동 싼전세'를 다섯

번 정도 문맥에 맞게 자연스럽게 포진시키는 것이 좋다.

블로그를 상위에 노출시키는 것도 힘들지만 상위 노출을 유지하는 것은 더욱 힘들다. 왜냐하면 정확한 공식이 없기 때문이다. 상위에 한 번 노출되었다고 자만하면 안 된다.

동일한 사진을 여러 번 포스팅하는 것도 삼가야 한다. 직접 찍은 사진을 사용해야 하고 한 번 사용한 사진은 버리고 새로운 사진을 사용해 포스팅해야 유사 문서에 걸리는 것을 피할 수 있다.

온라인 마케팅은 이제 피해갈 수 없고 계속해서 진화하고 있다. 네오비 실무교육을 받으면 온라인을 더 잘 이해할 수 있다. 개업하기 전에 블로그 상위 노출에 대한 공부를 철저하게 하기 바란다.

아파트 가격 예상 포스팅은 절대 하지 마라

처음 블로그를 시작하고 근처 아파트 분양권에 대해 주관적인 포스팅을 한 적이 있다. A아파트 분양권 가격이 치고 올라가는 중이었는데, 다른 부동산 중개업소소장 탐문과 실거래가 비교를 해보니 조금 과열된 양상이라는 판단이 섰다. 실거래가와 과거 거래 사례 등을 비교하며 '가격이 너무 오른 것이 아닌가'라는 의견을 포스팅했다. 물론 내 포스팅은 매수자를 겨냥한 포스팅이었다.

그런데 그날 이후 '코끼리부동산' 블로그는 난리가 났다. A아파트 입주 예정자 카페 공지사항에 내 블로그의 글을 링크해놓고 입주민의 생각을 묻고 있었다. 카페에는 "이 부동산과 거래하지 말자" "혹시 불법이 없나 살펴서 신고하자" 등 험악한 말이 오갔다. 그때서야 아차 하는 생각이 들었다. 자기 아파트를 객관적으로 평가하는 것을 그 누가 좋아하겠는가? 가격이 오르는데 너무 오른 것 같다고 말하면 누가 좋아하겠는가? 정말 앞이 캄캄해졌다.

부동산 블로그를 포스팅할 때 남의 부동산 물건에 대한 가격은 절대로 이러쿵저러쿵해서는 안 된다는 사실을 뼈저리게 알게 되었다. 그때만 생각하면 지금도 가슴이 뜨끔하다.

나는 당장 포스팅을 삭제하고 입주자 대표에게 사과하며 사태를 진정시켰지만 그 일로 인해 A아파트를 중개하는 일은 포기해야 했다.

포털이 좋아하는 포스팅

블로그를 통해 내 상품을 알리면 홍보 효과가 있다. 포털 검색창에 검색했을 때 내 블로그가 상위에 랭크되면 당연히 고객이 읽을 확률도, 계약에 이를 확률도 높아진다. 블로그에서 중요한 것은 꾸준함, 진정성, 전문성이다. 블로그를 하는 목표가 고객을 유입시키고 계약을 성사시키는 것이라면, 블로그의 방향을 '고객의 궁금증을 풀어주는 전문적인 부동산'으로 잡아야 한다. 내가 하고 싶은 이야기가 아니라 고객이 듣고 싶은 이야기, 고객이 궁금한 이야기를 전문성과 진정성을 담아 포스팅한다면 분명 고객의 연락이 올 것이다.

부동산은 고가 상품이기 때문에 고객이 하나의 포스팅만 보고 판단할 리 없다. 여러 개의 포스팅 중에 진정성 있는 포스팅을 고를 것이다. 그러므로 상위 노출 테크닉에만 관심을 가지지 말고 발품을 팔아서 진정성 있는 부동산 정보를 제공하는 데 초점을 두어야 한다.

4장

1인 기업가,
부동산 에이전트

부동산 에이전트는
큐레이터다

큐레이터(curator)가 전시 주제에 맞는 작가를 선정하고 작품을 확보하는 것처럼, 부동산 에이전트도 고객 요구에 맞는 입지를 선정하고 부동산 매물을 확보하는 큐레이팅이 필요하다. 여기에서 말하는 '고객 요구'는 굉장히 다양하고 구체적이다. 고객 요구를 충족시키고 원활한 중개를 하려면 부동산 매물을 많이 확보하고 있어야 한다. 그렇다면 매물 확보를 위한 큐레이팅에서 가장 중요한 일 네 가지를 살펴보겠다.

매도 고객과 친밀한 관계형성을 하라
매도자와 상담할 때에는 정말로 매도할 의사가 있는지, 매도 가격은 어느 정도 원하는지를 먼저 파악해야 한다. 팔 마음도 없는데 그냥 던져보는 고객이 많기 때문이다. 매수자가 나서서 막상 거래하려고 할 때 "좀더 오르면 팔게요"라는 한마디면 모든 거래가 끝나고 만다. 그러므로 첫 물건이 접수된 후에도 매도자에게 자주 통화하고 가까운 거리라면 방문을 요청해서 확실하게 매도할 의사를 확인해야 한다. 그런 절차를 반복하면 심리적으로 말을 번복하기가 어렵기 때문이다.

물론 매물이 귀할 때에는 그런 현상이 더 극에 달한다. 매도자와 라포를 형성하여 매수자가 매수를 원할 때 언제든지 매도가 가능한 상태로 만들어두는 것이 부동산 큐레이팅의 핵심이다.

아무리 매도가 가능한 매물이 확보되었다고 하더라도 매수자가 없다면 아무런 의미가 없다. 매수자와는 어떤 커뮤니케이션이 필요할까? 매수 고객을 만나거나 전화통화를 할 때에는 진지하게 경청해야 한다. 내 지식을 상대방에게 전달하겠다는 생각은 금물이다. 매수자는 이미 어느 정도 철저하게 조사를 한 상태이지만 아무것도 모르는 척하는 경우가 많다. 고객이 어느 정도까지 물건에 대한 정보를 가지고 있고, 원하는 매수가격 선이 얼마이며, 매수 의지가 확실히 있는지 등을 판단해야 하는데, 이는 고객과 여러 번의 상담을 거쳐야만 알 수 있다.

부동산 경매나 기타 시세 문의를 위해 돌아다니는 사람이 많다. 무늬만 매수자인 사람에게 너무 진을 뺄 필요가 없다. 물론 이를 판별하는 감각을 익히기까지는 많은 시간이 필요하지만, 그런 사람이 있다는 사실을 기본으로 알고 대응하면 유리하다.

큐레이팅의 핵심은 고객과 친밀한 관계 형성에 있다. 이때 무엇보다 중요한 것이 횟수다. 전화 상담 횟수, 대면 상담 횟수가 반복될 때 비로소 마음을 연다.

고객 데이터를 정리하라

엑셀이나 CRM 고객관리 프로그램을 사용해 고객 데이터를 정리한다. 종이 장부에 정리해도 되지만 매수자가 원하는 매물을 요구할 때 5~10초 내에 즉각 답변을 해야 고객에게 신뢰를 얻을 수 있다. 요즘은 구글 동기화를 통해 컴퓨터에 저장한 내용을 스마트폰으로 확인할 수 있으므로 외부에서도 충분히 응대가 가능하다. 장부를 뒤적거리고 서성대면 그 사이에 고객은 전화를 끊어버리거나 다른 곳으로 발걸음을 돌리게 된다.

특히 아파트는 부동산 물건을 데이터화해서 잘 정리해두는 것이 필수다. 월세, 전세, 매매 중에 가장 저렴한 물건 세 가지를 단지마다 추려놓아야 한다. 네이버부동산에 대부분의 매물이 노출되지만, 아침마다 전화로 확인해서 이미 나간 물건과 아직 살아 있는 물건을 체크해야 한다.

보통 고객은 싼 것 위주로 물건을 찾는 경우와 조금 가격이 나가더라도 좋은 물건을 찾는 경우로 나뉜다. 이 두 가지 경우에 맞게 데이터화하면 편하다.

요즘 시장은 임대와 임차 매도와 매수 시장이 구분되어 있다. 마케팅이 워낙 활발해서 한 공인중개사 사무실에서 매도·매수, 임대·임차를 동시에 하기가 어렵다. 그래서 공동 중개에 신경을 더 써야 한다. 좋은 물건을 확보하려면 근처 모든 공인중개사 사무실을 고객으로 인식하는 게 좋다. 간혹 매물이 귀할 때 매수 고객이 있어도 다른 공인중개사 사무실이 매물 공유를 거부하는 경우도 있기 때문이다.

협업으로 큐레이팅하라

초보 공인중개사는 선배 공인중개사를 보물처럼 모셔야 한다. 내가 먼저 다가서지 않으면 절대 친해질 수 없는 것이 부동산업계다. 내 사무실 옆에 경쟁자가 들어오는데 누가 좋아하겠는가? 그 누구도 좋아하지 않는다. 그렇기 때문에 이쪽에서 먼저 다가가야 한다. 선배 공인중개사는 절대로 경쟁자가 아니다. 나의 가장 큰 고객, 협력해주는 선배, 친구, 조언자가 되어줄 사람이다. 이 점을 절대로 잊어서는 안 된다.

어떤 방식으로든 자신의 존재를 선배 공인중개사들에게 알려야 한다. 초보일 때는 무조건 들이댈 수 있다는 장점이 있다. 각종 친목 모임에 가입하고 자신을 알리는 일에 신경 써야 한다.

모든 사람이 큐레이팅의 대상이라고 인식하라

부동산 매물이 싸고 좋으면 중개가 빠르게 이루어진다. 하지만 싸고 좋은 물건은 없다. 매도자가 부동산 매물을 맡기면서 가격 네고 폭을 많이 허락해주는 것뿐이다. 그런 매도자를 만나면 중개를 손쉽게 할 수 있다.

부동산 매물을 주는 사람은 다양한 경로에서 나타나므로 항상 마음의 준비를 한 채로 사람을 만나야 한다. 다시 말해 상대방이 내게 무엇인가를 제공해주고 싶을 만큼 매력적인 사람이 되어야 한다. 그러기 위해 자기 자신을 브랜딩해야 한다.

부동산업을 하면 많은 모임에 참여하게 된다. 자신의 처지에 맞게 다양한 커뮤니티에 가입하고 그들과 진정한 관계를 맺으면 자연스럽게 큐레이팅이 된다. 단기간에 한탕하겠다는 생각으로 부동산업에 접근해서는 절대로 성공할 수 없다.

부동산 에이전트는
협상가다

"아이고, 고객님 어떻게 그렇게 깎아요! 그러다가 정말 우리 욕먹어
요."

아파트 가격을 1,000만 원 깎아 달라는 고객에게 한 말이다. 공인
중개사는 대립하는 이해 당사자 사이에서 가격 협상을 해야 하는 상
황을 자주 겪게 된다. 매도자는 비싸게, 매수자는 싸게 매매가 이루
어지길 원한다. 중간에서 둘 다 만족하는 협상 지점을 찾아주는 것이
부동산 에이전트의 역할이다.

부동산 물건 가격 협상

가격 협상은 물건을 접수할 때부터 시작된다. 인기 있는 부동산을
내놓는 경우에는 거래 가격보다 보통 수천만 원 정도 가격을 높게 부

르는 경우가 많다. 이럴 때 어떻게 가격을 협상해야 할까?

협상에는 정답이 없다. 하지만 고객이 부동산을 팔고자 하는 것은 어느 정도 경제적인 압박을 받고 있기 때문임을 짐작해야 한다. 이 점을 확실히 파악해두고 상담하는 게 좋다. 즉 돈이 급하게 필요한 상황인지, 조금 여유가 있는 상황인지 판단해 거래 가격을 조정하는 등 가격 협상을 이끌어야 한다.

돈이 급한 고객이라면 너무 비싸게 내놓을 경우, 거래 자체가 되지 않아 시간을 많이 소비하게 되니 시장 가격에서 약간 높게 내놓는 것이 좋다고 설득해야 한다. 돈이 그리 급하지 않은 고객이라면 무리하게 가격을 내리려고 하지 말아야 한다. 그러면 다른 공인중개사 사무실과 거래하겠다며 떠날 게 분명하다.

시장 가격은 수요와 공급에 따라서 정해지기 때문에 시간이 지나면 정상 가격으로 돌아오기 마련이다. 모든 매도자는 높은 가격으로 팔고 싶어 하므로 괜히 가격으로 실랑이를 벌일 필요가 없다. 더욱 자주 연락해서 시장의 현재 반응을 조리 있게 설명해주는 게 낫다. "오늘도 손님이 와서 보여드렸는데 고객님과 같은 타입에 로얄층이 1,000만 원 더 저렴하게 나왔어요. 고객님도 사이트 한번 확인해보세요"와 같이 구체적으로 응대한다. 공인중개사가 고객의 물건을 매도하기 위해서 노력하고 있다는 사실을 수시로 알린다. 시간이 지나면 자연스럽게 매도자 스스로 가격을 조정해올 것이다.

매수자와의 가격 협상

매수자는 백이면 백 가격 조율을 원한다. "한국인 정서상 에누리 없는 장사가 어디 있냐?"라며 시장에 내놓은 가격을 으레 '시세보다 높게 올려놓은 가격'이라고 여긴다. 그 예상은 맞기도 하고 틀리기도 하다.

매수자와의 가격 협상에 정답은 없다. 매물에 대한 매수자의 애착 정도와 시장에 대체 가능한 매물의 존재 여부에 따라 가격이 달라지기 때문이다. 기본적으로 매수를 결정할 때 약간의 네고를 할 수 있어야 한다. 매도자에게 매물을 받았을 때 네고 폭을 포함해서 시장에 내놓는 것이 현명하다.

매물이 마음에 들 경우 매수자는 보통 "얼마 정도로 네고해주면 매수하겠다"라며 의사를 표시한다. 이때 계약금 일부를 송금할 수 있는지를 확인한 후 매도자와 협상해야 한다. 절대 매수자의 말만 믿으면 안 된다. 매수자의 말만 믿고 매도자에게 가격을 깎았는데 정작 계약을 안 하는 사례가 많기 때문이다. 그렇게 되면 매도자에게 엄청난 원망이 쏟아질 뿐만 아니라 매물도 놓치게 된다. 그래서 생긴 것이 가계약(계약하겠다는 의사표시로 계약금의 일부를 당일 송금하는 것)이다. '가계약금'이라는 표현은 사실 틀린 표현이지만 현장에서는 자주 쓰이고 있다.

가격을 깎을 때에는 매도자에게 합리적인 이유를 제시해야 한다. 시장 현황, 최근 거래 사례 등을 제시하면서 네고를 시도해야 매도자가 수긍할 것이다.

현금이 급한 매도자인 경우에는 일시불로 받는 조건으로 가격 협상이 가능하다. 어차피 계약 후 2~3개월 잔금을 치르게 되면 대출이자 등 비용이 나가기 때문에 여유가 있는 매수자라면 일시불 조건 또는 중도금 조건을 제시하면서 매도 가격을 조절하는 것이 하나의 협상 방법이다.

네고 결정 후 매수자에게 소식을 전해주는 타이밍도 중요하다. 5~10분 만에 가격 협상이 되었다고 해도 매수자에게 곧바로 통보하면 매수자 입장에서는 너무 쉽게 되었다며 경계할 우려가 있다. 공인중개사의 중개 실력이 좋다고 보기보다는 뭔가 내막이 있다고 의심하는 것이다. 이는 중개보수에도 영향을 미친다. 매도 가격을 1,000만 원 깎아주었다면 중개보수를 깎기 어렵기 때문이다.

매수자가 원하는 가격에 네고가 생각보다 빨리 확정되었어도 매수자와 전화 통화를 여러 번 해서 순차적으로 진행해야 한다. 매도자에게 가계약금을 입금받을 계좌를 미리 확보해두고 가격 협상이 끝나면 매수자에게 송금하도록 통보한다.

중개보수 협상

대다수의 사람이 중개보수가 너무 높게 책정된다고 생각하고 있어서 수수료 협상이 갈수록 어려워지고 있다. 공인중개업이 포화 상태이다 보니 대학가 시장처럼 매도자에게만 수수료를 받는 특수한 경우도 있다.

하지만 초과 수수료가 아니고서야 법이 정해진 한도 내에서 최대 수수료를 받는 것은 공인중개사의 당연한 권리다. 제대로 대응하지 못하면 수수료 때문에 관계가 나빠질 수 있다. '한 번 고객을 평생 고객으로' 만들려면 수수료 분쟁을 벌여서는 절대 안 된다. 수수료에 대해 본인 스스로 충분히 받을 만하다고 납득해야 한다. '중개를 함에 있어서 고객에게 충분한 서비스를 제공했는가?'라는 질문에 자신 있게 답할 수 없다면 수수료를 당당하게 요구하기 힘들다.

수수료는 계약 성사 직전에 마지막으로 고지해 확인하는 것이 가장 좋다. 부동산 중개를 하다 보면 사람 마음이 얼마나 쉽게 바뀌는지 실감할 수 있다. 수수료를 충분하게 주겠다고 했는데 막상 계약하고 난 이후에 말이 바뀌는 경우가 부지기수다. 계약 성사 직전에 "사장님, 이번 계약이 되면 0.3퍼센트 수수료 주시는 거죠?"라고 수수료에 대한 확인을 한 이후에 매수자에게 가계약금을 받는 게 좋다.

수수료는 받는 사람도, 주는 사람도 기분이 좋아야 관계가 오래간다. 수수료가 깎이면 매출이 줄어들 뿐 아니라 비율제로 급여를 받는 실장의 월급도 줄어든다. 고객들은 수수료가 월급이라는 생각을 하지 못한다. 수수료를 깎으려는 고객에게 "고객님! 수수료를 가지고 직원들 월급도 주고 상가 월세도 내는데 너무 과도하게 조정하면 저희도 힘들어요. 조금만 양보해주세요"라고 감정적으로 호소해서 가격 협상을 시도하면 좋다.

고객이 원하는 금액만큼 순순히 네고했다가는 직원들과의 관계도 나빠질 수 있다. 수수료는 최대한 법정보수를 고수하고 고객이 네고를 원할 경우에는 최소한으로 조정할 수 있도록 하한선을 정해 직원들을 교육해야 한다.

부동산 에이전트는
마케터다

　브랜딩이 되면 마케팅이 따로 필요 없다. 부동산업에서 마케팅은 고객이 내방하거나 전화로 문의할 마음이 들도록 만드는 것이다. 마케팅의 최종 목표를 브랜딩으로 잡아야 한다. 즉 내가 사는 아파트 단지나 동네를 떠올렸을 때 고객뿐만 아니라 동료 공인중개사까지도 '코끼리부동산'이 떠오르도록 만드는 것이다. 그 목표를 달성하기 위해 장기적인 안목으로 마케팅을 진행해야 한다. 다음과 같은 질문을 던져보면 좋다.

　고객들이 왜 나와 계약해야 하는가?
　고객 입장에서 자신의 사무실을 먼저 평가해보자. 마케팅을 잘해서 고객이 찾아온다고 해도 서비스가 준비되어 있지 않다면 아무런 소용이 없다. 마케팅하기 전에 '과연 나는 이 지역의 전문가인가?'라는 질문에 그렇다는 확신이 있어야 한다.

공인중개사 사무실을 개업한 이후에는 인근지역을 구석구석 발로 뛰며 사람들과 좋은 인연을 쌓아야 한다. 동네 봉사 모임, 종교 모임, 취미 모임에도 적극 참여한다. 중개업을 돈벌이 수단으로만 인식하지 말고 고객들에게 부동산에 대한 지식을 올바르게 전하는 것만으로도 훌륭한 홍보 효과가 있다.

영업 계획은 세웠는가?

마케팅의 목적은 결국 매출 상승이다. 영업 계획은 매출 목표를 달성하기 위한 체계적인 활동을 말한다. 어떻게 원하는 매출에 다가설 것인가? 네오비 중개실무교육에서 배운 영업 계획서로 예를 들어보겠다.

| 영업 계획서 예시 |

매출 목표	연간 4억 원
마케팅	블로그 1일 1 포스팅, 매월 200통 DM 발송, 매월 50명 이상에게 명함 받기
문의	매주 10명 이상 유망 고객 찾기
중개의뢰	월 평균 20건 중개 의뢰 받기, 토지 중개의뢰 월 5회
계약	월 평균 8~9건 이상 계약 성사하기, 토지계약 월 1회
매출액	월 평균 매출액 최소 3,400만 원 달성하기

영업 계획에서 가장 중요한 것은 숫자로 된 구체적인 목표가 제시되었는지 여부다. 목표가 숫자로 표시되어야 달성 정도를 쉽게 측정할 수 있다. 자신만의 영업 계획을 세워서 매월 말일에 실적을 집계하여 스스로 경영 평가를 내린다. 목표 미달 시 개선책을 제시하고 새로운 마케팅을 시도한다.

나 자신을 세일즈하고 있는가?

고객과의 신뢰 관계는 부동산 중개업 마케팅의 핵심 요소다. 그런 의미에서 아주 쉬운 마케팅 기법이 '얼굴 알리기'다. 이 기법을 잘 이용하는 곳이 타이어프로다. 타이어프로는 자동차 타이어를 서비스하는 곳이다. 타이어프로에 가보면 "나의 부모님은 누구다" "부모님 이름을 걸고 최선의 서비스를 하겠다"라는 문구와 함께 주인의 사진이 걸려 있다. 타이어 영업을 하면서 제품 성능을 알리는 것이 아니라 자신의 신상을 알리면서 고객들에게 신뢰를 주고 있다.

네오비 중개실무과정에는 프로필 촬영이 있다. 이때 전문 사진가를 불러 최상의 품질로 프로필 사진을 찍는데, 나는 이 사진을 공인중개사 사무실 간판에 넣었다. 아파트 단지 내에 공인중개사 사무실이 있기 때문에 가게 앞을 지나는 사람들은 모두 잠재고객이라고 봐도 무방하다. 오가며 내 사진을 본 이들은 무의식중에 내게 친근감을 갖게 된다. 또 얼굴을 걸 만큼 진실하게 중개하겠다는 뜻으로 받아들인다.

피드백은 하고 있는가?

그밖에도 부동산 마케팅 방법은 단지 내 광고, 인터넷 광고, 신문 광고, 현수막 등 다양하다. 자신의 형편에 맞게 선별해서 실행하면 된다. 그런데 마케팅 방법보다 더 중요한 것이 있다. 바로 마케팅 피드백이다. 어떤 마케팅이 얼마나 효과가 있는지 체크해야 한다.

지불한 마케팅 비용에 이윤이 더해져서 회수되고 있는지 확인하지 않으면 장기적으로 마케팅 비용을 감당할 수 없다. 즉 고객을 상담하면서 어떤 경로로 계약이 성사되었는지 체크해야 한다. 계약할 때 자연스럽게 "고객님은 어떻게 우리 부동산에 오시게 되었어요?"라고 물어보면 편지를 통해서인지, 소개를 통해서인지, 블로그를 통해서인지 알 수 있다.

피드백을 체크해서 지금 고객에게 어떤 마케팅이 유효한지 파악하고 적중률이 높은 마케팅에 더 비중을 둔다. 적중률이 높은 마케팅보다 더 중요한 것은 지속적으로 끈기 있게 영업하는 것이다.

나의 브랜딩은 잘되고 있는가?

부동산 영업은 워낙 고액을 거래하는 영업이다 보니 다른 영업보다 훨씬 더 신뢰 구축이 중요하다. 홍보 문구 하나를 바꿔 포장을 한다고 해서 안 팔리던 상품이 팔리지는 않는다. 고객의 소중한 자산을 책임진다는 마음으로, 자신을 찾아준 고객에게 최대한의 이익을 줄 수 있는 방법을 찾아봐야 한다. 눈에 보이는 성과로 고객에게 직접 전달되어야 비로소 충성 고객이 되고 소개로 이어질 수 있다.

이를 위해서는 끊임없이 배우는 수밖에 없다. 경쟁이 치열한 아파트 시장에서만 영업하지 말고 고객이 투자해서 수익이 날 수 있는 부동산 상품이나 투자 상품에 대해 적극적으로 공부해야 한다. 공부를 통해 내공이 쌓이면 책 쓰기에도 도전하자. 책 쓰기를 통해서 나의 전문성을 한층 더 업그레이드할 수 있을 뿐만 아니라 저절로 브랜딩이 되기 때문이다.

이제 세상은 누구나 책을 쓸 수 있는 시대로 접어들었다. 관건은 나만의 콘텐츠가 있느냐다. 공인중개사가 이미 발행한 책을 보면 경매, 꼬마빌딩, 토지개발 등 영역이 다양함을 알 수 있다. 아직 발행되지 않은 분야이고, 자신만이 설명할 수 있는 분야라면 나중에 책을 쓸 때 밑거름 삼겠다는 마음으로 영업해나간다면 더욱더 흥미롭게 일할 수 있을 것이다.

나 역시 공인중개사 사무실을 개업하면서 3년 안에 초보 공인중개사에게 도움이 되는 책을 써야겠다고 다짐했다. 차근차근 준비를 한 결과 지금 이렇게 책을 쓰고 있다. 공인중개사를 넘어 부동산 에이전트로서 마케팅 전문가가 된다는 것은 결국 나라는 존재를 세상에 알리는 일에 매진하라는 의미다.

부동산 에이전트는
컨설턴트다

투자는 100퍼센트 위험이 뒤따른다. 공인중개사는 나름대로 안전한 투자처에 대한 정보를 알 수 있다. 이런 장점을 잘 활용해서 고객에게 적정한 투자처를 제공하고, 장기적으로 고객이 원하는 결과를 얻을 수 있도록 발품을 팔고 끊임없이 연구해야 한다.

슈퍼주인을 건물주로 만들다

대전에서 슈퍼를 운영하던 여성 고객을 알게 된 것은 3년 전이다. 지인의 추천으로 들어간 대전 산악회에서 만난 인연이다. 평생 슈퍼를 하면서 알뜰하게 모아둔 돈이 있는데, 남은 생은 좀 편하게 살고 싶다며 내게 상담을 요청했다. 부모님 연세여서 어머니 생각도 나면서 뭔가 도움을 주고 싶었다. 그런데 그녀는 10년 전 금산에 사놓은 토지가 이제껏 오르지 않은 사례가 있어서 공인중개사라고 하면 전부 사기꾼으로 여기고 있었다.

"사장님, 공인중개사시라면서요? 슈퍼도 그만두고 싶고…. 땅도 좀 팔고 집도 팔고 해서 다가구 주택을 좀 샀으면 좋겠어요."

산을 오르면서 그녀의 이야기를 자세히 들어보니 노후 준비로 다가구 주택을 구입하고 싶다는 것이다. 공인중개사 사무실을 개업한 지 몇 달 안 된 상황이라서 어떻게 해야 할지 솔직히 난감했다. 그래서 마침 대전에서 네오비 중개실무교육을 같이 받았던 소장에게 "소장님, 주인 세대 살면서 월세 300만 원 나오는 다가구 주택을 원하는 고객이 있어요. 현금은 지금 3억 원이 있다고 합니다"라고 물어보았다. 그러자 "다가구 주택 수익률이 좋긴 하지만, 3억 원 현금으로 순수익 300만 원 나오기는 어려워요. 전세를 너무 많이 빼도 문제가 생기고요"라는 조언을 해주었다.

그 이후로 나는 대전 동구와 유성구를 다니면서 다가구 시세를 파악하고 적정한 수익률의 다가구 주택을 알아보았지만 생각보다 맘에 드는 물건이 없었다. 그래서 일단 단기 투자로 현금을 좀더 확보하는 방향으로 컨설팅하기로 했다. 그때는 세종시가 투기지역으로 묶이기 전이었기 때문에 다양한 투자가 가능한 시기였다. 마침 지인이 세종시에 상가건물을 올려 단기시행자금을 급하게 모은 적이 있었는데 수익률이 상당했다. 나는 수익률이 높으면서도 안전한 투자처가 있을 때마다 그녀에게 소개했다. 그녀는 나를 믿고 투자했고 현금 여력을 조금씩 높여갈 수 있었다.

그렇게 2년간 소소한 투자를 병행하면서 그녀의 현금 여력을 4억 원가량으로 늘렸다. 마음 같아서는 현금을 계속 투자하고 싶었다. 거래가 자주 이루어져야 나 역시 중개 수수료가 나오기 때문이었다. 하지만 '고객의 안정적인 노후를 위해서 월세 300만 원이 나오는 다가구 주택을 구해주는 것'이 고객 연령대에 걸맞은 투자라고 보고 다시 다가구 주택을 알아보았다.

주말에 함께 정말 많은 다가구 주택을 보았지만 그녀의 맘에 드는 건물은 쉽게 나오지 않았다. 그러던 중 아주 좋은 위치에 신축 다가구 매물이 15억 원 정도에 나왔다. 다가구 건축업자를 잘 아는 공인중개사를 통해서 가격 협상이 순조롭게 진행되었고 14억 5,000만 원에 최종 합의를 하고 1층은 커피숍으로 직접 운영하기로 했다. '슈퍼 사장'에서 '건물주'로 바뀌는 순간이었다. 이는 '전세 레버리지'를 통해서 가능했다. 담보대출 5억 원, 전세 및 월세 보증금 5억 원이 가능한 입지였기 때문에 대출이자를 내고도 원하는 수익이 가능했던 것이다. 신축이고 입지가 좋은 점도 좋은 결과에 영향을 끼쳤다.

부동산 에이전트로 성공하려면 적극적인 컨설턴트가 되어야 한다. 부동산 투자에 대해서 잘 모르는 고객에게 신뢰를 주고 이익을 주기 위해서는 먼저 나에 대한 믿음을 주어야 한다. 특히 레버리지 투자에 대한 이해를 꼭 시켜야 한다. 안전한 입지이고 확실한 수익률이 보장되는 부동산이라면 레버리지를 검토할 필요가 있다.

김밥 가게 주인을 청약에 당첨시키다

"사장님 김밥 카페 하나 알아봐주세요"

패셔너블하게 옷을 입고 스타일 좋은 여성 고객이 코끼리공인중개사 사무실에 들어와 앉기도 전에 한 말이다. 세종시는 공무원이 많은 도시라서 장사하기 까다롭다. 싸고 맛있는 데다 브랜드 네임이 있는 곳이 잘된다. 그래서 불쑥 들어온 질문에도 당황하지 않고 "혹시 카페가 프랜차이즈인가요?"라고 물어보았다. 그러자 "아니요, '더 큰 김밥'이라고 제 브랜드예요. 장사는 자신 있으니까 좋은 자리로 구해주세요!"라는 답이 돌아왔다. 다행히 장사에는 자신 있는 모양이었다. 하지만 옛날통닭을 하면서 장사가 만만치 않다는 사실을 몸소 실감한 나는 걱정이 되어서 여러 가지 질문을 더 해보았다.

"어디서 오셨어요? 세종 요즘 장사하기 어려운데…."

"서천에서 왔는데 거기서 장사 잘돼서 팔아 넘기고 여기 새롭게 하려구요."

"그럼 혼자 오신 거예요?"

"아니요. 아들이 셋이나 있어요. 아들들 때문에 돈 많이 벌어야 돼요. 그러니 장사 잘될 곳으로 골라주세요. 세종에서 제대로 돈 좀 벌어야 돼요. 맛은 자신 있다니까요."

아이들이 셋이라고 하니 나는 카페보다 아파트 물건이 더 생각났다. 세종시는 신도시 권역을 1~6 생활권으로 나누어 개발했는데, 당시에 1~3 생활권은 분양이 거의 완료되었고 4 생활권 아파트를 분양하고 있었다. 아들이 셋이면 특별공급에 해당하여 분양이 유리해 보였다. 분양만 받으면 수억 원의 프리미엄이 붙을 수 있는 것이 아파트였으므로 나는 아파트 분양에서 가장 중요한 청약통장 유무가 궁금했다.

"청약통장은 가지고 있어요?"

"네. 청약통장 만든 지는 오래됐어요. 400만 원 정도 있을 거예요"

다행이었다. 청약통장이 있다고 하니 내 일처럼 기뻤다. 다자녀 특별공급으로 청약을 넣으면 당첨 가능성이 많기 때문이다.

"상가도 상가지만 모든 일 제쳐 놓고 청약 먼저 넣읍시다. 이사 와서 주소 옮기고 다자녀로 아파트 넣으면 당첨 가능성 충분하니까요. 당첨되면 수억 원입니다. 서둘러요. 상가는 넘쳐 나니까 걱정 말고요. 공인인증서는 있어요? "

"사장님, 저 그런 거 안 해봐서 몰라요. 장사 준비도 해야 되고요. 꼭 그런 거 해야 되나요?"

"그럼, 공인인증서 발급받아서 USB에 담아 오세요. 내가 대신해줄 테니까. 그리고 빨리 이사부터 오세요."

원하는 상가만 구해주면 끝날 일인데 그때 왜 그런 마음이 생겼는지 모르겠다. 같이 일하는 실장은 사서 일을 만든다며 고개를 저었다. 하긴 청약 당첨된다고 내게 수수료가 주어지는 것도 아니니까…. 하지만 옛날 생각이 나서 왠지 마음이 짠했다. 장사가 바빠서 돈 벌 기회를 놓치는 것이 소상공인의 실정이다.

애들 셋 데리고 이사온 날 아이들과 짜장면을 같이 먹으면서 청약에 대한 이야기와 상가 입지에 대해서 자세히 설명해주었다. 상가도 조금 비싸지만 유동인구가 많은 곳으로 선정해서 장사를 시작하도록 도움을 주었다. 결과적으로 김밥 집은 매출이 좋았고 청약까지 당첨되었다. 다자녀로는 청약에 떨어졌지만 일반 분양에서 기적적으로 당첨된 것이다. 그것도 강변 뷰가 보이는 로얄층이었다. 이 일을 계기로 그녀는 부동산 투자에 눈을 뜨게 되었고 나의 충성 고객이 되었다.

만일 내가 본인이 알아서 하라고 맡겨놓고 소극적으로 대응했다면 그녀는 평생 청약에 참여할 일도 없었을 것이다. 공인중개사 사무실에 방문한 고객 중 무주택인 경우에는 더욱더 관심을 가지고 조언해야 한다. 고객의 형편에 맞는 특별공급을 추천하고, 청약점수를 높일 수 있는 방법을 알려주면서 부동산에 눈뜰 수 있도록 적극적으로 컨설팅해야 한다. 이런 노력을 쏟게 되면 스스로 부동산 에이전트 일에 대한 자긍심도 생기고 '고객이 고객을 몰고 오는 영업'도 가능해진다.

부동산 에이전트는
경제 전문가다

경제 전문가라고 글을 쓰려니 조금 쑥스럽다. 경제라는 넓은 분야에 전문가가 되려면 수많은 시간과 경험이 필요할 텐데 감히 전문가라는 단어를 쓰는 것에 대해 먼저 양해를 부탁한다. 내가 굳이 경제 전문가라고 표현하는 이유는 부동산 관련 경제지표를 전문가 수준으로 공부해야 한다는 경각심을 주기 위해서다. 부동산 에이전트로 출사표를 던졌다면 '돈'과 '경제'를 철저히 이해하고 있어야 한다.

은행도 가끔은 돈이 없다

예전에 현금이 필요해서 돈 찾으러 은행에 갔는데 현금이 없다는 것이 아닌가. 아니, 어떻게 은행에 돈이 없단 말인가? 아무리 제1금융권이 아니라고 해도 기천만 원이 없다는 말을 이해할 수 없었다.

경제 공부를 하고 보니 왜 그때 은행에 돈이 없었는지 알 수 있었다. 은행은 돈을 맡긴 사람들이 동시에 돈을 찾으러 오지 않는다는 것을 전제로 운영된다. 중앙은행은 돈을 맡긴 사람들의 안전을 위해서 지급준비율을 예금은행에 의무화하고 있다. 지급준비율이란 고객이 돈을 찾으러 왔을 때를 대비한 준비금액이다. 예를 들어 고객이 1,000만 원의 돈을 맡겼을 경우 지급준비율이 10퍼센트라면 100만 원을 한국은행에 의무적으로 예치해야 한다. 그후에 은행은 나머지 90퍼센트인 900만 원을 추가로 대출할 수 있으며 1,000만 원을 맡긴 고객도 1,000만 원을 원할 때 쓸 수 있게 된다. 1,000만 원이라는 돈을 은행에 맡기면 1,900만 원이라는 돈이 시중에 유통되는 것이다. 즉 900만 원이 더 유통되는 것이다. 이를 '신용창출'이라고 한다.

실제로 우리는 현금보다 숫자로 찍힌 돈에 더 익숙하다. 그러나 이 숫자를 우리가 인식하는 진짜 돈이라고 생각하면 안 된다. 단지 이 숫자로 표현되는 돈은 통화의 수단이고 교환의 수단일 뿐이다.

통화량 증가와 부동산 가치

신용창출은 통화량 증가로 이어질 수밖에 없다. 은행에 맡긴 돈보다 90퍼센트나 더 되는 돈이 유통이 되므로 돈의 가치는 떨어지고 상대적으로 물가는 오르는 것이다. 우리가 투자를 통해서 궁극적으로 얻고 싶은 것은 돈의 본질적인 가치를 잃지 않는 것, 즉 인플레이션으로 인해 화폐 가치가 떨어지는 것에 대비해서 부동산에 투자하는 인플레이션 헤지(inflation hedge)인 것이다.

그렇다면 부동산이면 무조건 가치가 보장되고 가치가 오를까? 생필품인 음식이나 차비와 같은 서비스 상품들은 통화량 증가로 대부분 오를 수밖에 없다. 하지만 부동산은 무조건 오른다고 할 수 없다. 대부분 오르긴 하지만 입지나 용도에 따라서 가치가 전혀 없는 부동산도 있다. 특히 상가인 경우, 사람들이 찾아주지 않으면 대출금과 관리비는 나가는데 시간이 지날수록 가치가 하락되는 애물단지가 되는 경우도 있다.

부동산 에이전트가 이런 돈에 대한 기본적인 가치관이 정확하게 정립되어 있어야 고객들에게 올바른 물건을 소개하고 컨설팅할 수 있다. 대전에 살던 지인에게 1억 5,000만 원 전세 말고 대출을 받아 아예 구입해서 세종시에 오라고 했다. 지인은 강력한 내 권유로 세종시로 이사를 왔고 2년이 지난 현재 그때 산 가격보다 1억 원 이상 올랐다. 나의 강력한 권유가 없었다면 이사라는 결단을 쉽사리 내리지 않았을 것이다.

분명히 오를 위치의 부동산을 전세로 얻으려는 고객에게 같은 비용 투자에 대출을 이용해서 매매하도록 강력하게 권유할 수 있어야 한다. 부동산 에이전트라면 고객의 일을 내 일처럼 생각하고 가끔은 강력하게 고객을 리드해야 한다. 그러면 그들이 나의 충성 고객이 되고 그다음 일의 의뢰인이 된다.

지금 한국은행은 통화량을 증가폭을 줄이려는 정책을 펴고 있다. 대출을 규제하고, 세금을 늘리고, 금리를 올리고 있다. 이런 통화량 증가폭을 줄이는 정책을 편다면 어떻게 될까? 당연히 화폐 가치가 올라가게 되고 부동산 가격은 내려갈 수밖에 없다. 이런 국면에서는 특히 상가 중개에 주의를 기울여야 한다. 상가는 결국 수익률 싸움이기 때문이다. 시중 금리의 2배 이상의 수익률이 나오는 경우에는 상가 투자가 가능하지만 앞으로 금리가 계속 오를 조짐이라면 상가 투자는 신중하게 결정하여 컨설팅해야 한다.

경제 공부는 어떻게 할 것인가?

한국의 부동산은 미국의 금리인상에도 직접적으로 영향을 받는 상태가 되었다. 이런 연관성을 알고 부동산과 관련된 경제 정책과 국제적인 경제 환경에 대한 공부를 게을리해서는 안 된다. 경제 공부는 사실 쉬운 일이 아니지만, 부동산 에이전트로서의 경제 공부는 부동산과 직접 연관이 된 부분을 먼저 체크하면서 경제에 대한 감각을 조금씩 키워나가는 정도면 된다.

부동산 담보대출과 직접 연관된 금리는 코픽스(COFIX, Cost of Fund Index, 은행권 자금조달비용지수)다. 담보대출 심사를 받으러 가면 상담원이 변동금리라고 하면서 코픽스를 이야기해준다. 코픽스는 잔액 기준과 신규 취급 금액기준 두 가지가 있는데 주로 코픽스 잔액 기준 금리가 신규 대출금리의 기준금리가 된다. 코픽스는 은행들도 대출 등 사업을 하기 위해서 자금을 조달하는 데 들어가는 원가 비용이라고 보면 된다. 은행은 코픽스에 마진을 더해서 대출을 해준다. 즉 코픽스가 오른다면 대출 금리는 오를 수밖에 없는 구조인 것이다. 코픽스가 높다는 것은 은행들이 중앙은행 등에서 빌려오는 금리가 높다는 것이다.

　은행은 돈으로 장사를 하기 때문에 돈을 항상 조달해야 한다. 은행의 상품은 '돈'이기 때문이다. 돈의 가치가 바로 금리라고 할 수 있다. 중앙은행이 은행에게 높은 금리로 돈을 공급을 하게 되면 코픽스도 자연스럽게 높아질 수밖에 없다. 그러므로 한국의 국고채 3년물의 금리를 지켜봐야 한다. 즉 국채금리가 오르면 코픽스가 오르고 부동산 담보대출도 올라서 부동산을 매수하려면 향후 인상될 담보대출 이자를 고려해서 결정해야 한다는 것이다.

　그렇다면 국채금리는 어디서 영향을 받는 것일까? 바로 미국금리다. 미국이 금리를 인상하면 한국의 국채금리도 따라 올릴 수밖에 없는 금융환경이다. 포털 홈페이지에서 증권을 클릭하면 시장지표가 나온다. 시장지표를 클릭하면 금리 변동을 매일 체크할 수 있다. 하루에 한 번씩 클릭해서 금리 변동 사항을 체크하면 좋다.

　미국이 금리를 인상하는 이유는 자국의 인플레이션을 선제적으로 방어하기 위해서다. 2008년 금융위기 이후로 양적 완화를 통해서 경제를 부양한 미국이 이제는 인플레이션을 예방하기 위해서 금리를 서서히 올리는 금융정책을 하고 있는 것이다. 이런 미국의 금융정책에 맞서서 한국은행도 금리를 올릴 수밖에 없다는 예측이 나온다. 미국이 고금리 기조로 금융정책을 펴고 있는데도 한국은 저금리를 고수할 경우 외국인 국내투자자들의 돈이 미국으로 빠져나갈 위험이 있기 때문이다. 이렇듯 부동산 담보대출은 미국의 금리 인상에 직접적인 영향을 받는다고 할 수 있다.

2017년 8월 코픽스 신규 취급 기준 금리를 보면 최저 1.47퍼센트였다가 꾸준히 올라서 2018년 8월 지금은 1.84퍼센트로 0.37퍼센트 인상되었다. 미국의 금리인상으로 코픽스도 따라서 꾸준히 오른 모양새다. 앞으로 미국은 두세 차례 추가 금리 인상을 예고하고 있다. 그렇다면 부동산 담보대출 금리도 필연적으로 오를 수밖에 없는 것이다. 그러므로 미국의 금리정책이 부동산 담보대출에 직접적인 영향을 미친다는 사실을 인식하고 코픽스를 컴퓨터 바탕화면에 항상 즐겨찾기를 해놓고 매일 체크하는 게 좋다.

금리 외에도 환율, 물가, 통화량 변동 등이 복합적으로 부동산가격에 영향을 미친다. 그런 이유로 부동산과 관련 된 경제 뉴스에 관심을 가지고 고객들에게 어떻게 컨설팅할 것인지 연구해야 한다.

2018년 현재 세종시는 투기지역 지정, 부동산 대출비율 축소, 금리 인상 등으로 부동산 매매가 거의 절벽인 상황이다. 본질적으로 본다면 통화량 증가로 부동산 가치가 하락하는 국면이다. 하지만 세종시는 향후 발표될 행정수도 지정, KTX역 지정, 세종 서울 간 고속도로 개통 등 호재에 부동산이 급등할 수밖에 없는 환경이다.

특히 세종시 연서면에 100만 평 국가산업단지로 지정되었고, 근처 청주 오송역 주변에도 250만 평이 국가산업단지로로 지정되었다. 3년 내에 보상금이 지급된다면 그 유동자금이 다시 세종으로 돌아올 가능성 크다. 즉 지금이 매수 타이밍이라는 것이다. 금리가 올라간다고 하더라도 부동산 가격 상승폭이 훨씬 더 클 것이라는 확신이 선다면 강하게 매수로 컨설팅을 유도할 수 있어야 한다. 그러기 위해서는 고객을 논리적으로 설득할 수 있는 경제적인 지식이 선행되어야 컨설팅에 힘이 실린다.

부동산 에이전트는
정보 전문가다

　과연 고객들은 어떤 정보를 원할까? 고객 입장에서 생각해보자. 부동산 전문가에게 원하는 정보는 무엇일까? 가장 기본적으로 임차인이 원하는 정보를 추측해보면, 싸고 좋으면서 살기 좋은 주택이나 장사가 잘되는 상가 정보일 것이다. 매매 고객이 원하는 정보는 구입 후 가격이 오를 부동산 정보가 필요할 것이다. 투자자가 원하는 정보는 지금은 저평가되었지만 앞으로 오르게 될 토지 정보일 것이다.

　부동산은 지역성이라는 특성을 가지고 있다. 아무리 서울에서 날고 기는 전문가라 할지라도 지역의 소소한 정보까지 알기는 어렵다. 정보라고 하면 은밀하게 거래되는 고급 정보라고 생각하기 쉽지만, 요즘 그런 정보는 거의 없다고 봐도 무방하다. 오히려 고급 정보라고 유혹하는 사람들을 조심해야 한다.

기본에서 시작하자

부동산은 지역 전문가가 되어야 한다. 내가 일하는 지역의 전문가가 되지 못한다면 결코 '1등 중개'를 할 수 없기 때문이다. 내 지역과 관련된 정보들 중 부동산과 연관된 자료를 모아 이해하기 쉽게 편집해서 고객에게 알려주는 훈련이 필요하다. 전국적으로 이슈가 되는 부동산 정책을 정리해 각종 SNS를 통해 간접적으로 고객에게 전달해보자.

가장 쉽게 접할 수 있는 정보는 아파트 청약 정보다. 요즘 청약 정보는 굉장히 복잡해졌다. 고객 상황에 맞는 청약 정보를 주려면 정확한 청약 공부가 필요하다. 부동산 에이전트가 준 정보를 바탕으로 당첨된 경우에는 평생 고객이 되기 때문이다. 내가 알고 있다고 해서 고객도 알고 있을 것이라는 판단은 금물이다.

특별공급 자격, 점수 산정방식, 지역에 따른 예치금액 등 청약 정보를 공고가 나기 전에 미리 제공해야 한다. 특히 많은 사람이 관심을 가지고 있는 청약 지역은 적극적으로 청약에 참여해서 당첨을 유도해야 한다. 그런 의미에서 매일경제신문에서 발행한 《35세 인서울 청약의 법칙》을 추천한다. 청약도 운이 아니라 실력이라는 것을 이 책을 통해서 알 수 있다. 아파트 청약 당첨 전략을 고객의 지역, 가족, 현황에 따라서 디테일하게 알려줄 수 있도록 공부하기를 바란다.

부동산에 대한 거의 모든 궁금증을 풀어주는 책이 있다. 닥터아파트 리서치연구소에서 출간한 《부동산 생활백서》가 그것이다. 생활 속에 꼭 필요한 거의 모든 부동산에 대한 상식이 가득 담겨 있기 때문에 처음 부동산을 개업하는 경우라면 필수로 읽어야 할 책이다. 이 책을 읽으면서 핵심 내용을 블로그 카테고리로 정해서 하나씩 포스팅하면 스스로 공부도 되고, 고객들이 궁금해하는 부동산 생활정보도 제공할 수 있을 것이다. 특히 《부동산 생활백서》는 애플리케이션으로도 제공이 되기 때문에 언제 어디서든 수시로 공부할 수 있다. 고객들이 질문하는 거의 모든 내용이 여기에 들어 있다고 해도 과언이 아니므로 책에 나오는 정보를 내 지역과 상황에 맞게 적용해서 머리에 정리해두자.

국정운영과제와 부동산

초보 부동산 에이전트가 양질의 투자 정보를 접한다는 것은 불가능에 가깝다. 특별한 정보들은 임장을 통해서 현장에서 얻게 되는 경우가 많기 때문에 시간이 필요하다. 정보와 친해지는 작업은 정확한 사실을 바탕으로 정리하고 편집하는 일부터 시작하는 것이 좋다.

우선 정부에서 발표한 국토 정책과 부동산 정책이 담겨 있는 국정운영과제를 살펴보아야 한다. 정권이 바뀔 때마다 정책의 방향이 전혀 다르기 때문에 그에 대한 정보를 검토해야 한다. 국정운영과제 중에 내 지역의 부동산에 어떤 이슈가 있는지 살펴보면 좋은 정보를 찾을 수 있다. 국정운영과제에 따른 도시기본계획을 살펴보고, 시청 홈페이지, 지방신문, 온나라 부동산포털에서 제공해주는 정보를 비교해보면 가장 확실한 정보를 가늠할 수 있다. 특히 토지 정보는 토지계획정보이용원을 통해서 공고 고시되기 때문에 매일 오전에 습관적으로 체크해야 한다.

내 지역과 연접해 있는 지역의 신문도 매일 체크해서 보는 것이 중요하다. 예를 들면 세종시인 경우, 세종 신문뿐만 아니라 대전, 공주, 청주 지역 신문까지 봐야 다양한 시각으로 정보를 판단할 수 있다. 이런 자료들을 마케팅 자료로 활용하고 중요한 자료는 스크랩해서 브리핑 자료로 보관해야 한다.

문재인 정부의 3대 부동산 약속은 ① 도시재생 뉴딜정책 ② 공공임대주택 공급 확대 ③ 전월세 상한제 및 계약 갱신청구권이다. 세 가지 큰 틀에서 세종시와 관련된 세부적인 국정운영대과제는 국회분원 설치, 미래창조과학부, 행정자치부 등 정부부처 이전, 서울-세종 고속도로 조기완공, 국제과학비즈니스벨트 기능지구 활성화 추진, 정밀, 신소재산업 중심의 세종 국가산업단지 조성 추진, 세종-청주 고속도로 건설, 국립행정대학원설립 지원 등이다. 이런 국정운영과제는 일반 개인이나 민간 기업이 추진하는 것이 아니기 때문에 믿을 수 있는 정보다. 확실한 정보를 바탕으로 한 브리핑은 망설이는 고객을 설득할 수 있는 힘이 있다.

시청정책 브리핑

시청 홈페이지에서 주의 깊게 보아야 할 내용은 정책 브리핑이다. 정책 브리핑은 일주일에 한 번씩 업데이트되는데 공인중개사가 알아야 할 정보가 자주 나온다. 2018년 7월 현재, 정책 브리핑을 열람해보니 '세종시 10월 신도심 버스노선 전면 개편' 자료가 나온다. 이런 자료는 집값 상승의 간접적인 원인이 되기 때문에 브리핑 자료로 활용가능할 뿐 아니라 SNS 소재로도 아주 좋은 자료다. 시청에서 주민들에게 무료로 제공해주는 공연 정보나 생활에 유용한 정보를 편집해서 고객들에게 메시지로 알려주거나 블로그 포스팅을 하고 카톡으로 전송하면서 본인의 사무실을 알리는 수단으로 활용해야 한다. 다시 말하지만 고객에게 먼저 다가서야 한다. 기회만 있으면 "언제든 당신을 도울 준비가 되어 있습니다"라고 끊임없이 프로포즈해야 한다.

시청에서 올리는 공고나 고시는 도로과와 건축과에서 발표하는 내용을 검색해서 부동산과 관련 있고, 토지 값이나 주택가격에 영향을 미칠 만한 내용을 파악하여 자료로서 활용한다.

사실 아무리 좋은 부동산 정보라고 해도 매수자가 금전적인 준비가 되지 않으면 거래를 완성할 수 없다. 그러므로 부동산 에이전트에게 가장 중요한 것은 부동산을 의뢰하는 고객 수를 확보하고 매수 희망 고객의 재정 상태에 걸맞게 부동산을 추천해주는 것이다. 그러기 위해서는 나를 향한 믿음이 있어야 한다. 이런 믿음은 쉽게 얻어지는 것이 아니다. 꾸준한 노력을 통해서 '나를 믿고 계약해 달라'고 간접적으로 웅변해야 한다. 그 소재가 바로 부동산 정보다. 특별한 내용인지 여부가 중요한 것이 아니라 꾸준하고 성실하게 정보를 제공하느냐가 더 중요하다.

부동산 에이전트는
투자자다

투자에 대해서 상당한 경험을 쌓고 공인중개사 자격증이 필요해서 개업한 경우를 제외하고는 대부분의 초보 중개사는 투자에 대한 경험이 없는 경우가 많다. 나 역시 분양권 투자에 대한 경험만 가지고 공인중개사 사무실을 오픈했다. 공인중개사는 실시간으로 거래되는 부동산의 동향을 직접 볼 수 있기 때문에 투자 타이밍을 잡기 유리한 것이 사실이다. 하지만 언제나 투자는 리스크를 안고 있으며 100퍼센트 확실한 투자처는 없다. 100퍼센트 확실하다면 투자가 아니다. 투자가 진행되어 오르는 중에는 100퍼센트 확실해보일 뿐이다.

"그렇게 확실하다면 당신이 투자하지 왜 내게 투자하라고 합니까?"

투자를 권유받은 고객들이 자주 하는 말이다. 맞는 말이다. 하지만 공인중개사들은 이미 다른 투자를 해놓아서 수중에 돈이 없을 수 있다. 투자에는 언제나 회수 기간이 필요한데, 이 기간은 정확히 언제가 될지 모르기 때문이다. 리스크는 피할 수 있는 것과 피할 수 없는 것이 함께 존재한다. 특히 양도세는 정책에 따라 변화가 가능해서 투자자들에게 리스크가 될 수 있다.

세종시에서도 분양권 양도세를 보유기간에 관계없이 일괄적으로 50퍼센트를 적용하는 바람에 투자자들의 수익률이 상당히 줄어들었다. 공인중개사 사무실을 오래한 사람들이 가장 후회하는 일로 꼽는 것이 자기 부동산이 없다는 점이다. 오랫동안 일해왔지만 용기가 없어서 또는 자금이 없어서 중개만 해주고 정작 자신의 부동산을 가지지 못한 경우가 많다. 투자자로서 성공하지 못했다면 공인중개사로서의 이점을 활용하지 못한 것이라고 바꿔 말할 수 있다. 그렇다면 어떻게 투자자로서 입문하여 고객을 성공으로 인도하고 자신 역시 성공할 수 있을까?

베테랑 선배 공인중개사들과 지분으로 투자하라

투자자들이 돈이 없어서 융통할 구멍을 찾듯이 공인중개사도 그런 경우가 많다. 돈을 들고 있으면 좋은 조건으로 투자할 기회가 생긴다. 나만 투자하는 것이 아니라 베테랑 공인중개사도 지분을 넣는 것이라면 어느 정도 리스크가 없는 투자처라고 생각할 수 있다. 투자 상품을 오래 취급해본 베테랑 공인중개사라면 투자처에 대해서 확신이 없다면 본인 지분을 넣지 않으리라.

베테랑 공인중개사와 지분 투자를 같이 하면서 투자의 감을 키우다 보면 스스로 투자에 대한 감을 잡을 수 있다. 공인중개사자격증을 따고 소속 공인중개사로 취업해서 선배와 분양권을 공동 투자해서 훨씬 빨리 자리 잡은 동기가 있다. 물론 그러기 위해서는 어느 정도 목돈이 필요하다.

고객들과 지분으로 같이 투자하라

중개를 하다 보면 투자에 관심을 가지고 돈을 비축하고 있으면서 좋은 투자처가 나오면 꼭 알려 달라는 사람을 만난다. 그런 투자들이 조금씩 축적되면 고객들과 공동 투자를 시도해보자. 혼자 투자해서 많이 남는다 하더라도 항상 돈은 모자라기 마련이다. 향후 계속적인 투자를 위해 고객과 같이 성장하는 방법을 찾으면 좋다.

성공 경험을 고객들에게 제공해야 고객들도 나를 믿고 선뜻 같이 투자할 수 있다. 지분 투자를 할 때에도 두리뭉실하게 말로만 해서는 안 된다. 계약서를 작성한 후 공증을 받고 사후에 문제가 없도록 정확한 법적 절차를 밟은 후에 공동 투자를 진행해야 한다.

종잣돈이 중요하다

투자를 위해서는 종잣돈이 관건이다. 부동산은 움직이지 않지만 생물이다. 부동산 정책에 따라서 도로개통상황에 따라서 변화하는 '유동산(有動産)'이다. 고운동 택지도 새정부 출범이 되었다는 이유로 6개월에 1억 원 이상 올랐다. 새정부가 세종시에 좋은 정책을 펼 것이라는 기대 때문이다.

하지만 오르기 전에 그 택지를 매수한 공인중개사들은 많지 않다. 오르기 전에는 확신이 없었고, 사려고 할 때는 이미 가격이 너무 올라서 감히 살 수 없는 것이다. 돈과 배짱이 있어야 부동산 투자에 뛰어들 수 있다.

한 선배 공인중개사는 택지를 100퍼센트 대출을 받아 사서 1년 뒤에 1억 원의 시세 차익을 남기고 매도했다. 정말 타이밍이 예술이었다. 모두가 망설일 때 과감하게 매수해서 남들이 사려고 몰려들 때 적정 이익을 남기고 매도하는 일은 엄청난 내공이 필요하다. 종잣돈을 가지고 있고 타이밍을 볼 수 있는 능력과 과감하게 실행할 수 있는 배짱을 동시에 키워야 한다.

공동 투자를 하라

돈이 없는 사람들은 동료이든 가족이든 친구이든 자신을 믿는 사람들과 협력하는 수밖에 없다. 그래서 평소에 나의 인간성이 중요하다. 나를 믿고 같이 투자해줄 수 있는 협력자들이 필요하다.

처음 세종시에 진입했을 때 투자처가 보여서 부모님 친구들을 동원해서 같이 투자를 했다. 이때 내가 사람들에게 신뢰를 주지 못했다면 공동 투자는 불가능했으리라. 많은 사람이 공동 투자를 말리는데 나는 돈이 없는 개개인이 투자에 참여할 수 있는 방법은 공동 투자뿐이라고 생각한다.

공동 투자 진행 절차를 잘 준비한다면 상당한 수익을 통해서 서로 윈윈할 수 있다. 결국 공인중개사로서 입신하기 위해서는 투자의 세계로 들어가야 한다. 부동산은 언제나 호황일 수도, 언제나 불황일 수도 없다. 불황을 견디면서 기다리다 보면 부동산 경기가 살아날 시점이 분명히 있다. 이때를 기다리면서 종잣돈을 모으고 신뢰를 바탕으로 협력자들을 만들어가야 한다.

투자 공부는 어떻게 해야 하나?

부동산 투자의 범위는 정말 무궁무진하다. 갭투자, 분양권, 재건축, 꼬마빌딩, 상가주택, 빌라, 상가, 토지, 토지개발, 택지투자, 시행 등등 공부하려고 마음먹으면 공부할 내용이 너무나 많다. 그중에 내 공인중개사 사무실과 연관이 깊은 부동산을 택해서 2~3년간 한 우물을 판다면 길이 보일 것이다.

부동산 공부를 하는 동안에는 직접 투자하기보다는 투자한 이들이 정말 성공하는지, 얼만큼 성공하는지 지켜보고 간접적으로 배우는 시간을 가지는 것이 중요하다. 성급하게 남이 한다고 따라 하지 말고 '기회는 돈만 있으면 언제나 있다'라는 여유를 가지고 신중하게 접근하기를 바란다.

모든 공부는 책으로 시작하는 것이 정석이다. 책을 읽다 보면 중복되는 부분이나 저자만의 관점을 구분할 수 있고, 자신의 철학이나 관점에 맞는 저자도 만나게 된다. 그렇게 20권 이상 읽게 되면 부동산에 대한 자신만의 생각을 차츰 가지게 된다.

투자는 결국 자신과의 싸움이다. 위험이 뒤따르기 때문이다. 실패도 경험할 수 있다. 하지만 결국은 투자의 세계로 발을 들여놓아야 한다. 실패하더라도 포기하지 않으면 결국 하나 더 배운 것이기 때문에 다시 일어날 수 있다.

5장

실행 즉시
매출을 올리는
7가지 방법

고객에게 먼저
다가서라

　처음 공인중개사 사무실을 시작했을 때에는 집은 도담동에, 사무실은 고운동에 있었다. 거리는 가까웠지만 시간이 갈수록 '영업 기반 마련을 위해서는 동네 주민과의 커뮤니티 형성이 중요하다'라는 생각이 들었다. 그 동네의 전문가가 되려면 중개사무실 근처로 이사하는 것이 맞다. 일단 동네 주민이 되면 아파트 관리사무실, 주차장 사용, 경비원과의 관계 등의 문제가 수월해진다. 입주민이기 때문에 고객들과도 자연스레 동질감이 생성되어 영업에 더 유리하다.

　입주민이라는 장점을 최대한 살려서 적극적으로 지역 커뮤니티에 참가한다. 선거관리위원 등 공적인 봉사활동이나 탁구 동호회나 댄스 동호회 등 지역 커뮤니티에 가입해서 자신을 알린다. 자신이 가진 장기를 이용해서 스스로 커뮤니티를 만들어도 된다.

부동산이 단지 내에 있다면 긴 호흡으로 주민들에게 다가서는 것이 좋다. 주민들의 행사에 적극 참여하고 사심 없이 봉사해서 부동산 에이전트로서의 브랜드를 주민들에게 적극적으로 알린다. 고객과 소소한 일상까지 공유하면서 부동산에 관해서는 언제나 준비되어 있다는 무언의 광고를 하는 것이다.

자신의 아파트와 인근 아파트를 새벽에 돌면서 주차된 차량의 연락처, 홍보용 전단지 등에서 전화번호를 수집하는 것도 요령이다. 일단 이 전화번호는 내가 살고 있는 지역에 살고 있는 성인이므로 잠재 고객으로 볼 수 있기 때문이다. 꾸준하게 수집해서 단지별로 구분하여 전화번호를 저장해놓고 영업에 활용하자.

주의할 점은 섣불리 전화하거나 문자를 보내면 안 된다는 것이다. 이것도 개인정보보호 위반으로 신고하면 골치 아플 수 있으니 일단 저장만 해둔다. 그러면 자연스럽게 카톡에 친구 추천으로 뜨기 때문에 생일 축하 메시지를 보내면서 자연스럽게 관계를 맺을 수 있다.

내 업에 자긍심을 가져라

어떤 사업이든지 소극적으로 다가서면 성공할 수 없다. 내 직업에 자신감과 자긍심을 가지고 올바른 서비스를 할 마음의 자세가 되었다면 적극적으로 접근하자. 요즘 세상은 물건이 넘쳐난다. 결국 팔지 못하면 내 학벌도 내 전공도 아무런 쓸모가 없다. 선택을 받으려면 고객이 무엇을 좋아하는지, 무엇을 원하는지 다각도로 연구하면서 고객을 철두철미하게 생각해야 한다.

부동산 에이전트는 고객을 돕는 일이다. 내가 돈을 벌기 위해 일하는 것이 아니라 고객을 돕기 위해 일한다는 내적 확신이 있어야 적극적인 마케팅이 가능하다. 공인중개사 시험을 준비 중이라면 '나는 성공할 수 있다' 하고 자신감을 가지고 덤벼야 한다. 생각의 힘은 우리가 생각하는 것보다 훨씬 더 크다. 두렵다는 생각을 가지는 순간 우리는 성공과 멀어지게 된다.

새로운 일을 시작하기 위해서는 용기가 필요하다. 처음 직장을 그만두려고 작심했을 때 사실 두려움이 앞섰다. 직장이라는 조직이 내게 제공해주는 월급의 달콤함을 거부하기가 힘이 들었다. '그냥 이렇게 안주하면서 그럭저럭 살아도 될 텐데 굳이 그럴 필요가 있을까?'라는 생각으로 망설였다. 하지만 조금만 깊게 생각해본다면 '조직이 나에게 제공해줄 것이 더 이상 아무것도 없다'라는 판단은 누구나 쉽게 내릴 수 있을 것이다. 세상은 벌써 그렇게 변해버린 것이다. '조직 없이 나 혼자 섰을 때 내가 할 수 있는 일은 무엇인가?'라는 물음을 계속 던져야 한다.

오랫동안 살았던 삶의 터전을 떠난다는 것은 누구에게나 힘든 일이다. 하지만 아는 사람들이 주위에 없는 환경이 또 다른 기회가 될수도 있다. 나를 모르는 사람들에게 어서 나를 알려야겠다는 오기도 생긴다.

익숙한 무엇인가로부터 떠난다는 것이 꼭 물리적인 위치만을 말하는 것은 아니다. 아직까지 경제적인 자립을 하지 못했다면 과감하게 시도해보자. 자본주의 사회에서 진정한 자유는 경제적 자립 없이는 불가능하다. '왜 나는 자유롭지 못한가?' '나는 자유를 쟁취하겠다' '남에게 굴종적으로 내 삶을 맡기지 않겠다'는 처절한 내면의 목소리를 들어야 한다. 이런 처절한 내면의 목소리가 들리기 시작하면 내 삶의 태도는 바뀌게 된다. 새벽에 일어나게 되고, 술을 끊게 되고, 배우게 되고, 시간과 돈을 생산적으로 소비하게 된다.

명함을 건네고 정중하게 자신을 소개하자

고객에게 먼저 다가서는 첫 번째 방법은 만나는 사람에게 정중하게 명함을 건네고 인사하는 것이다. 나는 "안녕하세요. 저는 단지 내 코끼리부동산을 운영하는 최병욱입니다. 반갑습니다"라고 인사하고 만나는 사람에게 매일 명함을 건넸다. 이때 상대방이 나를 알아볼 때까지 끊임없이 인사하고 명함을 건네는 것이 중요하다.

모든 영업의 기본은 주변 지역 고객 확보다. 나는 외식 기회가 있을 때마다 동네 근처에서 식사하고 계산할 때 꼭 명함을 건네면서 "안녕하세요. 15단지 앞 코끼리부동산을 운영하는 최병욱입니다. 부동산이 궁금 할때는 언제든지 전화하세요"라고 말했다. 주기적으로 구역을 정해 상가를 방문하면서 명함이나 전단지를 돌린다. 엘리베이터에서 사람을 만났을 때 어색하게 서 있지 말고 명함을 건네며 나를 알린다. 아침 출근시간에 일부러 나가서 아이들을 배웅하는 엄마들에게 인사하며 존재를 알린다. 특히 개업 초기 한 달 정도는 하루도 빠짐없이 출근시간에 주민들에게 단정하고 정중하게 명함 건네는 일을 하는 것이 좋다.

카톡 생일을 보면 전화해서 '생일축하 노래'를 불러라

세일즈를 위해서 이벤트를 하다 보면 금전적으로 부담이 많이 된다. 특히 개업 초기에는 더욱더 작은 지출도 민감해진다. 비용이 들지 않고 자신이 할 수 있는 이벤트를 고민해봐야 한다. 내가 생각해 낸 이벤트는 '노래 불러주기'였다.

스마트폰 카카오톡 애플리케이션을 열고 생일인 고객이 있으면 한 번 전화해서 노래를 불러보기 바란다. 일반적인 생일축하 노래면 된다. "생일 축하 합니다. 생일 축하합니다. 사랑하는 OOO 생일축하합니다"라고 노래를 불러주면 상대방은 열이면 열 모두 좋아했다.

카카오톡 생일 추천은 영업하는 사람에게 쾌재를 부를 만한 영업 소스다. 고객에게 나를 각인시키기 위해서 별별 이벤트를 많이 했지만 '생일 축하노래'만큼 가격 대비 효율이 높은 것은 없다. 상대방이 나를 기억해주고 노래를 불러줬다는 사실을 고객은 특별하게 받아들여서 나를 평생 잊지 못하게 된다. 처음에는 쑥스러울 것이다. 그런데 실제로 해보면 상대방이 정말 좋아한다는 것을 알게 될 것이다.

전화 내용을 녹음하라

전화 내용이 자동으로 녹음되는 애플리케이션이 많다. 이 애플리케이션을 이용하여 고객과의 상담 내용을 꼭 녹음하고 피드백해보자. 녹음해보면 '세상에서 가장 브리핑 못하는 목소리'가 들릴 것이다. 고객의 말을 자르고, 속도도 빠르고, 발음도 좋지 않은 자신의 목소리를 듣고 깜짝 놀랄 것이다.

상담의 기본은 경청과 적절한 질문이다. 그런데 녹음한 내용을 들어보면 대부분 자신의 지식을 알려 고객을 설득하려고 함을 알 수 있다. 전화 상담이든 대면 상담이든 고객과 감정의 문을 먼저 터야 한다. 단순한 정보나 지식을 알려주는 상담은 별 의미가 없다. 단순한 질문을 던지더라도 정말로 고객에게 필요한 정보가 무엇인지 진지하게 고심하여 나온 질문이어야 한다.

요즘 고객들은 전화해서 대뜸 "15단지 시세가 얼마예요?"라고 물어본다. 이때 "매도세요, 매수세요?" "몇 평인지 알아야 이야기해주죠" "누구세요?"라는 식으로 받아쳐서는 안 된다. 15단지 시세를 궁금해한다면 그대로 이야기해주면 된다. "15단지는 최근에 25평은 2억 2,000만 원에서 2억 6,000만 원에 거래가 되었고요. 34평은 3억 2,000만 원에서 3억 원 5,000만 원에 거래가 되었어요. 매도하려고 하세요? 아니면 매수하려고 하세요?" 하고 고객이 원하는 정보를 먼저 준 다음에 고객 정보를 파악하는 것이 좋다.

이런 식으로 전화하는 고객은 어떤 공인중개사 사무실에 가서도 대접받지 못할 가능성이 있다. 예의 없는 고객이야말로 친절히 응대했을 때 내 고객으로 만들 수 있는 확률이 높아진다.

이벤트로 고객에게 기쁨을 줘라

초보 부동산 에이전트라면 고객에게 내 사무실로 들어오고 싶은 이유를 만들어줘야 한다. 고객들이 랜덤으로 공인중개사 사무실을 선택할 때 그 이유는 대부분 단순하다. '사무실 앞 화단이 예뻐서' '배너를 잘 만들어서' '웃고 있는 대표 사진이 눈에 띄어서' 등 사소한 일로 고객 방문을 유도할 수 있다.

부동산이 단지 내에 있다면 '명함 이벤트'를 추천한다. 단지 내 상가에는 세탁소, 미용실, 통닭집 등이 필수로 있다. 이런 단지 내 상가 주인과 협의해서 명함 할인 쿠폰을 발행해보자. 세탁소에 들른 고객들에게 '내 명함'을 쿠폰으로 내주는 것이다.

사무실에 방문하는 고객에게는 도장 찍힌 명함을 준다. 통닭집과 세탁소에 미리 이야기해놓고 1,000원 할인을 받을 수 있는 쿠폰으로 사용할 수 있도록 하는 것이다. 매매를 한 손님에게는 미용실 파마 쿠폰을 주는 것도 좋다. 특히 미용실은 여성 고객이 많이 찾고 여론을 형성하는 창구가 되기 때문에 좀더 공을 들여야 한다.

이런 단지 내 상가 이벤트는 서로 상생할 수 있고 주민들에게 호의적으로 사무실을 홍보할 수 있으므로 적극 추천한다. 고객들의 입에서 "그 부동산 유명해"라는 소리가 들리도록 자주 이벤트를 벌여 고객이 찾아올 이유를 만들어주자.

목표를 종이 위에
적어라

네오비 중개실무교육을 받은 졸업생들은 매년 대전에 다 같이 모여서 신년회를 갖는다. 이때 항상 하는 일이 올해 매출 목표 기록이다. 매출 목표를 기록하고 다음 신년회 때 목표를 달성한 대표들에게 큰 선물을 주고 목표 달성할 수 있던 비결을 공유한다.

종이 위에 쓰면 기적이 일어난다

목표 관리의 핵심은 '종이에 기록하는 것'이다. 꿈과 비전을 마음속에 간직하는 것도 좋지만, 명확하게 기록하고 자주 확인하면 물리적인 실체로 인식되어 자극이 된다.

나는 2017년 매출 목표로 2억 원을 적었다. 2016년 11월에 개업해서 2017년 매출 목표 2억 원을 달성하겠다는 것은 사실 불가능에 가까운 일이었다. 하지만 2017년에 마무리해보니 거의 2억 원을 달성했고 나는 그때부터 '종이 위에 적는 힘'을 믿게 되었다.

2018년 매출 목표는 4억 원으로 적었다. 매출 목표는 언제나 기억할 수 있도록 명함 크기 메모지에 적어 지갑에 넣고 다닌다. 그리고 기회가 있을 때마다 주변 사람에게 매출 목표를 이야기한다. 입밖으로 꺼내 선언하게 되면 가끔 나태해지거나 힘이 들 때 스스로를 견인하는 원동력이 된다.

목표를 정하고 내 뇌에 각인시키고 지인들에게 선언하고 스스로 될 수 있다고 믿고 행동하면 기적처럼 목표가 이루어진다. 이 프로세스를 집대성한 것이 강규형의 《성과를 지배하는 바인더의 힘》이다. 이 책에서 소개하는 3P 바인더를 부동산 영업에 걸맞게 수정하여 적용하면 일에 대한 성과뿐만이 아니라 삶의 모든 영역에서 좀 더 성장할 것이다.

인생 목표 관리는 사명 및 비전에 따른 연간 계획, 월간 계획, 주간 계획, 일간 계획, 시간 스케줄 등으로 세분하여 관리할 수 있다. 더 자세한 내용은 《성과를 지배하는 바인더의 힘》 책을 통해 확인하고 여기에서는 부동산 영업에 걸맞는 주간 스케줄 작성방법을 소개하겠다.

다음 〈3P 바인더 주간 계획표 양식〉을 보자. 주간 일지는 연간 목표를 어떻게 달성할 것인지에 대한 구체적인 행동 지침이라고 할 수 있다.

① 영역에는 이번 주 매출 목표를 기본적으로 적고 두 칸으로 나누어서 꼭 성사해야 할 계약이나 목표를 적는다. 일주일 업무 성과를

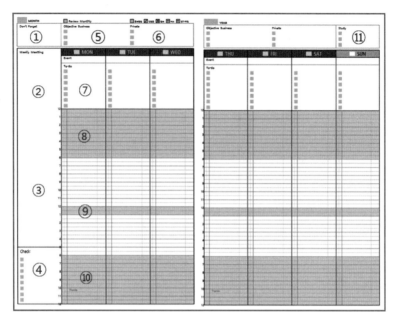

| 3P 바인더 주간 계획표 양식 |

위해서 꼭 기억해야 할 사항을 기록한다.

② 영역에는 성과를 이루기 위해서 만나야 할 가망 고객 리스트를 적는다. 만나든 전화하든 적극적으로 다가가야 할 고객 리스트를 적는다.

③ 영역에는 성과를 이루기 위해 적극적으로 매도해야 할 매물 리스트를 적는다. 이는 다른 매물보다 매수자에게 어필이 가능한 매물로서 먼저 중개해야 할 것들이다.

④ 영역에는 'Daily Check Up'으로서 매일 체크해야 할 사항을 적는다. 업무와 직접적인 연관은 없지만 삶을 정교하게 살기 위해서 매일 스스로 해야 할 일을 적는다. 예를 들자면 10분 청소, 팔굽혀펴기

100개, 새벽 5시 기상, 저녁 8시 이후 금식, 사명 읽기 등 사소하지만 매일 실천해야 사항을 적고 자기 전에 체크한다.

⑤ 영역에는 월, 화, 수 3일간 업무와 관련되어서 처리해야 할 일을 적는다. 예를 들면 1501동 1501호 매매계약, 15단지 DM 200장 발송하기 등 업무와 직접 연관 있는 활동 중 세 가지 업무를 적는다.

⑥ 영역에는 업무와 관계없는 개인적인 일을 적는다.

⑦ 영역에는 월요일 하루 중 우선적으로 해야 할 일 일곱 가지를 적는다. 위에서부터는 업무와 관련된 일을, 아래에서부터는 개인적인 업무를 적는다.

⑧ 영역에는 출근 전 해야 할 일을 적는다. 운동과 독서 등 급하진 않지만 중요한 일은 출근 전에 관리한다. 출근 전과 퇴근 후 시간에 '급하진 않지만 삶에서 중요한 일'을 하면 삶이 풍성해진다.

⑨ 영역에는 출근해서 해야 할 업무를 30분 단위로 적는다.

⑩ 영역에는 퇴근 후 일정을 적는다.

⑪ 영역에는 교육이나 독서 계획을 적는다.

3P 바인더 주간계획표 양식은 업무와 개인적인 일을 동시에 체크할 수 있도록 세심하게 짠다. 3P 바인더의 핵심은 목표를 정하고 잘게 나누어서 이룰 수 있도록 돕는 것이다. 1년을 12개월로, 12개월을 1달로, 1달은 4주로, 1주일은 7일로, 7일은 3일로, 3일은 하루로, 하루는 30분 단위로 나누어서 목표에 맞게 시간을 관리할 수 있다.

세 가지 목표를 항상 지갑에 지니고 다녀라

목표를 이루기 위해서는 집중이 필요하다. 돋보기가 빛을 모아서 먹지를 태우듯 집중해서 목표를 내 뇌에 각인시킨다. 그러면 저절로 목표를 위해 내가 무엇을 할 것인지 고민하고 어떻게 효과적으로 달성할 수 있을지 계획을 세우게 된다.

연간 목표 중 세 가지를 명함 크기로 써서 지갑에 넣고 다니면서 목표를 향해 잘 가고 있는지 수시로 체크하자. 나 역시 2018년 목표인 '목표 체중 79킬로그램' '매출 목표 4억 원 초과' '베스트셀러 작가 되기'가 적힌 종이가 지갑에 있다.

세 가지 목표를 정하고 종이 위에 기록하고 아침마다 목표를 읽으며 '나는 이 목표를 꼭 이룰 것이고, 이루기 위해서 전력을 다하겠다'라고 다짐한다. 최선을 다하는 사람에게 운도 따른다.

인스타그램이나 블로그에 목표를 써서 올려 동기부여하는 것도 좋다. 세상에 내 목표를 선언하고 격려를 받는 것이다. 내 목표를 많은 사람에게 알려서 기정사실화하자.

1억 원 매출 UP!
DM 마케팅을 실천하라

DM 마케팅은 초보자가 매물을 확보하고 주민들에게 자신의 부동산을 알리는 데 아주 유용한 방법이다. 자신의 환경에 맞게 수정해서 실행해본다면 그 효과에 놀랄 것이다. 물론 DM 마케팅은 잘못하면 스팸으로 오해받아 역효과가 발생할 수도 있다. 그러므로 공을 들여 고급스럽게 준비하는 것이 중요하다. 요즘 우편함에는 고지서나 관공서에서 보낸 반갑지 않은 소식만 들어 있다. 이런 상황에서 부동산마저 스팸편지를 보낸다면 고객과의 관계가 더 멀어질 수 있다.

DM 실행 시 주의사항 일곱 가지
첫째, 수취 거부 고객을 관리하라
아무리 좋은 마음으로 편지를 보내도 꼭 수취 거부 의사를 밝히는 고객이 생긴다. 이 경우에는 절대 잘잘못을 따지지 말고 무조건 사과한 후 편지 데이터 명단에서 제외시켜야 한다. "등기부등본을 보고 안내편지를 보낸 것이 잘못이냐?"라고 언성을 높이게 되면 반드시 뒤탈이 난다. 아파트는 모두 커뮤니티로 끈끈히 묶여 있기 때문에 어떤 단체 행동이 나올지 모르므로 주의해야 한다.

둘째, 배송 방법은 이렇게 하라

편지를 보낼 때 아파트 단지 한 동에 한꺼번에 보내면 안 된다. 처음엔 그것도 모르고 수백 통의 편지를 한 단지에 보냈다가 항의 전화를 엄청 받았다. '개인정보를 어떻게 뽑았느냐'고 주민 대표가 전화를 해서 진정시키느라 혼났다.

편지는 여러 단지에 골고루 소량으로 발송해야 한다. 이때 편지 봉투를 모두 출력해놓고 단지별로 10개씩 3~4일간 간격으로 꾸준히 보내는 것이 좋다. 현실적으로도 500여 통의 편지를 하루에 다 보내면 아파트 관리자들이 짜증을 낼 게 뻔하다. 이런 작은 디테일을 챙겨야 한다.

편지를 직접 배달하게 되면 문제의 소지가 생길 수 있으므로 꼭 우표를 붙여 우체국에서 배송해야 한다. 요즘 우체국에서는 우표 대신 스티커를 주는데 우표를 붙이는 것이 더욱 정감이 가고 받을 때 기분이 좋다.

셋째, 로또 편지는 초기 전화 데이터를 모집할 때 사용하라

편지를 보낼 때에는 전화번호에 등록되어 있는 고객에게 보내는 것이 효과적이다. DM 발송이 처음이라면 고객의 전화 접수를 유도하는 이벤트를 연다. 고객의 전화번호를 모를 경우에 효과적인 마케팅이 로또 편지다. 편지 봉투에 "로또가 들어 있습니다. 행운을 기원합니다"라는 문구를 보기 좋게 적어서 보낸다. 그러면 3~4일간은 지갑에 내 명함을 간직할 것이다. 지갑을 여닫으며 명함을 본 고객은 내 이름을 기억하게 되어 나중에라도 내게 전화를 한다.

넷째, 고객의 입장에서 유익한 것을 제공하라

DM 발송 목표는 '내가 운영하는 공인중개사 사무실과 거래하면 당신에게 이러이러한 혜택이 있다'라는 사실을 전달하는 것이다. 나는 고객에게서 "소장님이 편지를 몇 번이나 보내서 여기로 왔어요"라는 말을 자주 듣는다.

반응이 없다고 1회성으로 끝내지 말고 계절별로 꾸준히 고객에게 DM을 발송하자. 편지 내용은 주로 매매 동향, 전세 동향, 최근 이슈가 되고 있는 부동산 현황 등 고객에게 필요한 정보다. 편지를 받는 대상이 정확하다면, 매도자에게는 '양도세 계산방법' '집 최고가로 파는 방법' 등의 내용이, 매수자에게는 '좋은 집 고르는 방법' '가장 저렴하게 대출받는 방법' 등의 내용이 좋다.

다섯째, 고객이 열어보게 보내라

편지는 고객이 열어보는 것이 가장 중요하다. 개봉도 하지 않고 휴지통에 버려진다면 아무런 의미가 없다. 편지 봉투에 이벤트를 추가할 때에는 꼭 색깔 있는 큰 글씨를 사용해서 "로또가 들어 있어요" "실거래가 동봉"이라고 이벤트 표시를 해주어야 한다. 너무 허접한 DM은 오히려 반감을 주기 때문에 한 통을 보내더라도 정성을 들여서 편지를 보내야 한다.

여섯째, 등기부등본의 정보를 데이터화하라

등기부등본을 출력하여 소유주에 대한 여러 가지 정보를 파악할 수 있다. 등기부등본의 주소 정보를 통해서 주인인지 임차인인지 먼저 파악할 수 있다. 임대인은 입주하고 있는 임대인, 근거리 임대인, 원거리 임대인을 나누어서 관리하는 것이 좋다.

원거리 임대인인 세대는 모두 임차인이 살고 있으므로 원거리 임대인 세대에는 매수와 임차에 대한 정보를 보내야 한다. 주인이 직접 자가로 사는 입주민인 경우에는 데이터를 따로 관리해야 한다. 그런 세대는 '음식물쓰레기봉투' 같은 가벼운 선물을 동봉하는 것이 좋다.

원거리 임대인은 특히 DM 반응률이 좋기 때문에 더 정성스럽게 관리하는 것이 포인트다. 멀리 있는 사람들은 자주 부동산에 들여다보지 못하기 때문에 수시로 문자나 카톡을 통해서 아파트 정보를 보내주고 관리하면 된다. 더 디테일하게 관리하려면 등기부에 기재된 생일 정보를 엑셀을 이용하여 월별로 정리해놓고 생일 축하 편지를 보내면 좋다. SNS가 발달할수록 인간적인 교류에 더 목마를 수 있다. 손편지는 훌륭한 감성 마케팅이다. 꾸준히만 한다면 큰 효과를 볼 수 있다.

발상을 전환하라

DM 마케팅도 창조적인 발상이 필요하다. 계약을 한 고객에게 계약일 1주년기념 이벤트 쿠폰이나 선물 카드를 보낸다. 계약을 완료한 고객을 '키맨'으로 활용하는 것이다. 계약을 완료한 고객이 또 다른 고객을 소개시켜주면 수수료의 일정 부분을 준다. 나는 계약을 완료한 고객에게 키맨을 홍보하고 참여를 유도하고 있다. 키맨은 영업에 대한 노하우가 있는 고객과 서로 윈윈할 수 있는 시스템이다. 아래에 DM샘플을 첨부하니 참고하기 바란다.

매도자용 DM 예시

TO. 친애하는 입주민 여러분

	행복을 중개합니다.	코끼리 이벤트
	최병욱: 코끼리부동산 대표	1. 독서포럼회원모집
	김명숙 : 코끼리부동산 실장	2. 통기타회원모집
	전화 : 044-862-2220	3. 새벽산책회원모집
	토지 상담: 010-2275-6213	4. 토지수강생모집
	아파트상담: 010-2514-0023	5. 전월세연장계약서무료
	상가 상담: 010-6665-1052	6. 이사비 일부 보조
		7. 복사/팩스 무료서비스

안녕하세요 코끼리부동산소장 최병욱입니다.

기습적인 폭염으로 모두들 힘든 요즘 어찌 지내시는지요? 코끼리부동산에서 입주민분들에게 조금이나마 될 소식을 전해드리기 위해 편지 드립니다. 저도 파크뷰에 살면서 고운동의 매력에 푹 빠져 있습니다. 코끼리부동산에서 작은 이벤트를 안내해드립니다.

1. 고운동 카작카페에서 매주 토요일 오전 7시부터 9시까지 독서포럼이 있습니다. 책을 통해서 행복을 나누실 분들을 초대합니다. 리더 김혜연: 010-3231-XXXX로 연락주시면 자세한 안내를 해드립니다. 독서를 통해서 새로운 삶의 체험하실 분들을 초대합니다.

2. 코끼리부동산에서 하던 통기타강습을 보람동 시청앞에서 하게 되었습니다. 수변이 보이는 연습실과 공연 무대를 장만하였습니다. 월 1회 소규모 공연과 6개월 정기공연을 하고 있습니다. 음악을 통해서 삶의 새로운 기쁨을 찾으실 분들을 모집합니다. 반장 곽기영의 연락처는 010-3180-XXXX입니다.

3. 새벽운동을 통해서 건강해지고 싶은 분들을 찾습니다. 매일 새벽 6시에 세종시 인근 산을 1시간에서 1시간 30분 정도 운동

하고 있습니다. 같이 운동하면 더욱더 즐거운 운동이 됩니다. 산악대장 이혜경의 연락처는 010-6665-XXXX입니다. 저는 새벽산책으로 10킬로그램 감량을 했습니다. 새벽산책 너무나 좋네요. 같이 미라클 운동 시작해요.

4. 토지투자에 관심이 있는 분들을 위한 강의를 마련했습니다. 8주 강의로 세종매일부동산 컬럼리스트인 김태용 교수님이 8월 8일부터 매주 화요일 오후 7시 30분부터 2시간 동안 진행합니다. 토지투자를 통해 새로운 부를 이루실 분들 연락주세요. 문의는 010-2275-XXXX으로 해주세요.

5. 전월세가 자동연장된 세대가 있다면 부담 없이 코끼리부동산으로 오시면 무료로 안내해드립니다. 팩스와 복사 기타 서비스는 무료입니다. 언제나 편하게 방문하세요.

6. 가을에 이사를 준비하는 세대가 있다면 코끼리부동산에 방문하여 미리 등록하시면 선착순 30명에 한해서 이사비의 일부를 현금으로 보조해드립니다. 편안하게 방문 신청하세요.

7. 요즘 급한 복사나 팩스를 보낼 곳이 없어서 힘드시죠. 코끼리부동산에서 언제나 무료로 이용하세요.

코끼리부동산은 일뿐만 아니라 진정으로 마음을 나누는 이웃이 되고 싶습니다. 독서포럼을 통해 알게 된 좋은 문장으로 오늘 편지를 마감하겠습니다.

인생이란 일, 가정, 건강, 친구, 자기 자신이라는 다섯 개의 공을 저글링하는 게임이다. 그 가운데 일(직장)이라는 공은 고무공이어서 떨어뜨리더라도 바로 튀어 오른다. 이에 반해 나머지 네개의 공은 유리로 되어 있다. 만약 이것들이 떨어질 경우, 회복이 어려울 정도로 흠집이 생기거나 혹은 금이 가거나 어쩌면 아예 산산조각이 날지도 모른다고 말했다.

    - 전 코카콜라 회장 더글라스 태프트의 2000년 신년사 중

일에 몰두한 나머지 자기 자신, 건강, 가족, 친구들을 놓치면서 살고 있지는 않는지 제 자신을 돌아보는 귀한 글이었습니다. 8월도 행복하세요.

감사합니다.

2018년 8월 1일
세종코끼리부동산 소장 최병욱 드림

TO. 친애하는 입주민 여러분

	행복을 중개합니다. 최병욱: 코끼리부동산 대표 김명숙 : 코끼리부동산 실장 전화 : 044-862-2220 토지 상담: 010-2275-6213 아파트상담: 010-2514-0023 상가 상담: 010-6665-1052	코끼리 이벤트 1. 독서포럼회원모집 2. 통기타회원모집 3. 새벽산책회원모집 4. 토지수강생모집 5. 전월세연장계약서무료 6. 이사비 일부 보조 7. 복사/팩스 무료서비스

안녕하세요 코끼리부동산소장 최병욱입니다.

기습적인 폭염으로 모두들 힘든 요즘 어찌 지내시는지요? 세종시 고운동은 8.2대책이후에 매수세가 많이 꺾여서 약보합세를 유지하고 있습니다. 고운동은 최근에 두 개의 버스노선이 신설되어서 BRT노선 연계를 강화시켜서 주민들의 편의가 좀더 더해지고 있습니다. 그리고 18단지 힐스테이트 3차가 50퍼센트 정도 입주가 완료되었고 내년 초에는 파라곤 입주가 예정되어 있습니다. 정부의 정책으로 매매가격은 약보합세를 유지하고 있습니다. 최근 거래된 실거래가 정보를 첨부해드립니다.

가락마을 15단지 실거래 가격

월	층	평형	매매 가격
2018년 2월	8층	25평	2억 5,700만 원
2018년 3월	8층	25평	2억 5,200만 원
2018년 3월	/층	25평	2억 5,000만 원
2018년 3월	1층	25평	2억 2,000만 원
2018년 4월	1층	34평	3억 4,000만 원
2018년 4월	7층	34평	3억 200만 원
2018년 4월	1층	34평	2억 9,400만 원
2018년 5월	3층	24평	2억 3,800만 원

가락마을의 최근 시세는 약보합세로 매수하기에 좋은 타이밍입니다. 세종시는 많은 투자 전문가들이 말하기를 대구와 함께 유일하게 오를 지역으로 추천하고 있습니다. 2019년 미래부와 행안부의 이전이 확정되어 있고, 세종시 집중 개발로 인구유입 속도가 빨라지고 있습니다. 8.2대책 이후 피로감으로 가격이 약간 빠지고 있지만 이럴 때일수록 실수요자에게는 매수의 기회입니다. 언제라도 궁금한 점은 방문이나 전화주세요.

〈코끼리 특별이벤트 안내〉

1. 고운동 카작카페에서 매주 토요일 오전 7시부터 9시까지 독서포럼이 있습니다. 책을 통해서 행복을 나누실 분들을 초대합

니다. 리더 김혜연의 연락처 010-3231-XXXX로 연락주시면 자세한 안내를 해드립니다. 독서를 통해서 새로운 삶의 체험하실 분들을 초대합니다.

2. 코끼리부동산에서 하던 통기타강습을 보람동 시청앞에서 하게 되었습니다. 수변이 보이는 연습실과 공연 무대를 장만하였습니다. 월 1회 소규모 공연과 6개월 정기공연을 하고 있습니다. 음악을 통해서 삶의 새로운 기쁨을 찾으실 분들을 모집합니다. 반장 곽기영의 연락처는 010-3180-XXXX입니다.

3. 새벽운동을 통해서 건강해지고 싶은 분들을 찾습니다. 매일 새벽 6시에 세종시 인근 산을 1시간에서 1시간 30분 정도 운동하고 있습니다. 같이 운동하면 더욱더 즐거운 운동이 됩니다. 산악대장 이혜경 010-6665-XXXX입니다. 저는 새벽산책으로 10킬로그램 감량을 했습니다. 새벽산책 너무나 좋네요. 같이 미라클 운동 시작해요.

4. 토지투자에 관심 있는 분들을 위한 강의를 마련했습니다. 8주 강의로 세종매일부동산 칼럼리스트인 김태용 교수님이 8월 8일부터 매주 화요일 오후 7시 30분부터 2시간 진행합니다. 토지투자를 통해 새로운 부를 이루실 분들 연락주세요. 문의는 010-2275-XXXX으로 해주세요.

5. 전월세가 자동연장된 세대가 있다면 부담 없이 코끼리부동산으로 오시면 무료로 안내해드립니다. 팩스와 복사 기타 서비스는 무료입니다. 언제나 편하게 방문하세요.

6. 가을에 이사를 준비하는 세대가 있다면 코끼리부동산에 방문하여 미리 등록하시면 선착순 30명에 한해서 이사비의 일부를 현금으로 보조해드립니다. 편안하게 방문 신청하세요.

7. 요즘 급한 팩스를 보내거나 복사할 곳이 없으시죠. 코끼리부동산으로 오세요. 환영합니다.

코끼리부동산은 일뿐만이 아니라 진정으로 마음을 나누는 이웃이 되고 싶습니다. 독서포럼을 통해 알게 된 좋은 문장으로 오늘 편지를 마감하겠습니다.

인생이란 일, 가정, 건강, 친구, 자기 자신이라는 다섯 개의 공을 저글링하는 게임이다. 그 가운데 일(직장)이라는 공은 고무공이어서 떨어뜨리더라도 바로 튀어 오른다. 이에 반해 나머지 네 개의 공은 유리로 돼 있다. 만약 이것들이 떨어질 경우, 회복이 어려울 정도로 흠집이 생기거나 혹은 금이 가거나 어쩌면 아예 산산조각이 날지도 모른다고 말했다.
　　　- 전 코카콜라 회장 더글라스태프트의 2000년 신년사 중

일에 몰두한 나머지 자기 자신, 건강, 가족, 친구들을 놓치면서 살고 있지는 않는지 제 자신을 돌아보는 귀한 글이었였습니다.

8월도 행복하세요.

감사합니다.

2018년 8월 1일

세종코끼리부동산 소장 최병욱 드림

셀프 독서경영을
시작하라

독서포럼 '독서지향'에 참여하면서 본격적으로 독서를 시작하게 되었다. 독서지향은 공인중개사 사무실을 운영하는 대표들이 2주에 한 번씩 책을 읽고 삶을 변화시키는 모임이다. 처음 시작은 독서포럼을 하면 폼이 날 것 같다는 가벼운 마음이었다. 평소 책읽기를 좋아해서 한 달에 두세 권 정도 읽는다. 하지만 책읽기를 통해서 어떤 성과를 얻지는 못했다.

그런데 독서포럼을 하면서 생각을 나누고 아웃풋을 하니 책읽기에 임하는 마음이 달라졌다. 독서포럼을 통해 평소 내 독서목록에는 나오기 힘든 '어려운 환경에서 삶을 개척한 휴먼 스토리'도 읽게 되었다. 책을 읽고 나서 "지금 내가 힘든 것은 아무것도 아니구나"라는 반성과 "나도 노력하면 얼마든지 해낼 수 있겠구나" 하는 희망을 품게 되었다.

책읽기가 더 재미있어지자 삶에 대한 자세도 조금씩 바뀌었고 행여 이를 독서포럼 선배들이 알아채주면 어깨가 으쓱해졌다. 함께 책을 읽으니 조금씩 더 나은 방향으로 진화하는 것 같아서 좋다.

미국의 유명한 사업가 짐 론은 "당신이란 존재는 당신이 시간을 가장 많이 보내는 다섯 사람의 평균이다"라고 말했다. 당신과 가장 가까운 부류가 술을 좋아한다면 당신 역시 술을 좋아할 확률이 높고, 게임을 좋아한다면 당신 역시 게임을 즐길 확률이 높다. 물론 예외는 있겠지만, 어느 정도 인정할 수밖에 없는 말이다. 결국 인간은 주변 환경에 큰 영향을 받는다. 우리는 모방하며 배운다. 성공한 사람들이 가까이 있다면 성공할 확률이 높다. 그들의 습관과 사고방식을 자연스럽게 배울 수 있기 때문이다. 하지만 우리 가까이에는 성공한 사람들이 별로 없다. 그래서 성공한 사람들의 책을 읽어야 하는 것이다.

책은 작은 기적을 이루게 한다

책을 본격적으로 읽기 시작한 지 2년 만에 멘토로 생각하던 김승호 회장을 휴스턴에서 직접 만날 수 있었다. 김승호 회장은 '스시'라는 아이템으로 미국에서 가장 성공한 기업가로 한국에 알려졌다. 재산이 4,000억 원이면서 부채가 하나도 없는 기업가로도 유명하다.

김승호 회장을 멘토로 생각하는 동반자들과 같이 김승호 회장의 사업장도 둘러보고 사업의 철학도 직접 들을 수 있었던 소중한 시간이었다. 어떻게 해야 사업에 성공할 수 있는지 그리고 왜 사업을 성공해야 하는지에 대해 진지하게 토론했던 기억이 아직도 생생하다.

김승호 회장은 대학 시절, 야외활동보다는 도서관에서 인문학 서적을 읽기를 좋아했다고 한다. 내성적인 성격에 카리스마도 없었기 때문에 누구도 이렇게 세계적인 성공을 이룰지 몰랐다고 한다. 하지만 책과 명상을 통해서 생각의 힘을 알게 되었고, 내가 진정으로 원하는 것들을 뇌에 각인시키면 그 생각이 현실이 됨을 확신했다고 한다.

김승호 회장이 얼마 전, 인스타그램에 사진 한 장을 올렸다. 담배한 갑에 1불 39전 받던 그 시절, 카운터 밑에서 권총을 놓고 동네 갱단들과 사투를 하며 매일 14시간씩 일하고, 하루 200불 매출로 생활했던 가난한 시절의 LOUIS WHITE GROCERY 사진이었다. '그 시절을 잊지 않기 위해 다시 찾아갔던 그 동네는 30년이 지나도록 여전히 그때 그대로라는 암울함과 함께'라는 글이 함께 보였다. 그 동네는 30년이 지났지만 아무것도 변하지 않았다는 것이다.

변화는 그냥 오지 않는다. 변화를 하려면 고통이 따른다. 그 고통을 이길 수 있는 힘이 되어주는 것이 바로 책이다. 책을 읽으면 나보다 더 뛰어난 사람들을 만나게 되고 건설적인 부러움이 생기게 된다. '이렇게는 내가 살아서는 안 되겠다' '이대로는 그냥 살 수 없다'라는 오기가 생기게 되는 것이다. 이런 떨림과 울림이 나를 변화시킨다.

나는 그날 김승호 회장을 만나고 훌쩍 커버린 자신을 느꼈다. 이 모든 것이 책으로부터 시작되었다. 책을 읽으면 당신의 삶 속에 기적이 하나씩 일어날 것이다. 그런 의미에서 부동산 에이전트의 책읽기는 고전이나 인문학 책보다는 휴먼 스토리가 실려 있는 자기계발 책부터 시작하면 좋으리라.

수많은 책 중에서 과연 어떤 책을 읽어야 할까? 추천도서를 읽는 것이 가장 효과적이다. 분야별로 추천해주는 책 100권 중에서 고른다. 건강, 자기혁신, 마음, 경영 돌파, 리더 자질 등 끌리는 분야의 책 중에서 골라보자.

동시에 내 업무에 대한 전문서적도 같이 읽어야 한다. 부동산 에이전트로서 알아야 할 수많은 부동산 관련 책이 있다. 토지, 상가, 꼬마빌딩, 경매, 농지 투자, 토지 개발 등 부동산 관련 책을 50권 정도 읽으면 누구하고 말을 섞어도 초보라는 말을 듣지 않게 된다. 책을 먼저 읽은 선배들이 추천하는 책과 부동산 전문가라면 꼭 읽어야 할 책은 부록에 별첨했으니 참고하기를 바란다.

책읽기를 위한 준비는 이렇게 하라

책을 읽으려면 가장 먼저 도서구입비를 확보해야 한다. 요즘 책 한 권이 15,000원 정도다. 10권이면 15만 원이 필요하다. 한 달에 10권 정도는 사서 읽겠다는 자세로 생활비 중에 15만 원을 미리 확보하자. 많은 기업이 연구개발에 먼저 돈을 배정하듯이, 내 사업의 미래를 위한 연구개발을 위해서 재정을 배분하는 것이다.

돈을 확보하고 나서는 시간을 확보해야 한다. 현대 경영학의 창시자로 불리는 피터 드러커 교수는 시간을 묶음으로 관리하라고 충고한다. 시간을 기록하고 관리해서 내가 사용할 수 있는 묶음 시간을 확보하라는 것이다.

나는 새벽시간에 책을 읽는다. 퇴근 이후에는 내가 원하지 않는 일정이 생길 수 있으므로 아무도 방해하지 않는 새벽시간을 책 읽는 시간으로 정했다. 출근 전 2시간 정도 읽으려면 새벽 5시에 일어나야 한다. 하루 2시간씩 1년 정도 지속하면 독서의 기본은 다져질 것이다.

항상 어디를 가든 책을 들고 다니자. 짜투리 시간도 모으면 상당한 양이 된다. 시간을 남이 원하는 대로 내맡겨서는 안 된다. 스포츠신문, 스마트폰 등 각종 정크 정보로 내 머리를 채우지 말고 내 전문성과 내 삶을 풍족하게 하는 양질의 책으로 먼저 채우자.

책을 읽고 꼭 하나는 실천하자

책읽기 자체로만 끝난다면 아무리 많이 읽어도 소용없다. 책은 변화하기 위해서 읽는 것이다. 건강도서를 읽고 고기보다 채소와 과일을 먹는 것이 몸에 좋다는 사실을 알게 되었다면 당장 고기를 줄이고 채소와 과일을 먹는 행동을 시작해야 한다.

현학적인 지식을 자랑하기 위한 독서가 아니라 책을 읽고 깨달은 한 가지를 실천하기 위한 독서가 필요한 것이다. 그런 독서를 하기 위해서는 함께 읽는 독서 선배가 필요하다. 다시 말하지만 사람은 주변 환경에 영향을 받는다. 변화의 동력은 지켜봐주는 사람들의 응원과 시선이다. 나 역시 다이어트를 선언하고 15킬로그램 정도 감량했다. 그렇게 좋아하던 술을 끊을 수 있었던 것도 같이 책을 읽는 선배들의 격려와 칭찬 때문이었다. 특히 요즘은 카톡방에서 서로 피드백해주기 때문에 확실한 동기부여가 된다. 내가 변화하고 싶은 무언가를 카톡방에 선언하고 같이 격려해주는 사람들이 있으면 신기하게도 혼자 할 때보다 훨씬 지키기 쉽다.

최근에는 독서포럼 카톡방에서 '습관 홈트레이닝'을 같이 하고 있다. 세 가지 작은 습관을 30일간 매일 하는 미션이다. 예를 들면 '하루 일기 2줄 쓰기' '책 3페이지 읽기' '오메가3 먹기' 등이다. 이런 작은 습관들을 실천하면서 서로 응원해주는 것이다. 책을 읽는 이유는 아주 작은 습관이라도 실천하기 위해서다. 이런 작은 습관들을 실천하다 보면 실행력이 좋아져서 최종적으로 내 삶이 더 풍요로워진다.

책을 통해 행복을 느끼자

책을 읽는 가장 중요한 이유는 자신의 인생 가치관을 찾을 수 있어서다. 아무 이유도 모른 채 던져진 세상에서 우리는 모두 방황할 수밖에 없다. 내가 눈을 감으면 세상이 모두 사라지니 내가 온 세상의 주인공인 듯 보인다. 하지만 이 거대한 우주 안에서 나는 티끌과도 같은 미미한 존재다. 결국 살아간다는 것은 '나를 보여주는 것'이며 있는 그대로의 나를 보여줄 수 있는 용기를 찾아가는 과정이다.

나는 자신이 행복하다는 사실을 인정하는 과정이 삶이라고 생각한다. 행복은 누가 나에게 주는 것도 아니고 멀리 있는 것도 아니다. 성공 역시 남들과 비교해서는 얻을 수 없다. 나에게는 나만의 성공이 따로 있다. "나는 이미 행복하고 성공했다"라고 스스로 말할 수 있을 때 아이러니하게도 행복과 성공은 온다. 이런 깨달음 역시 책을 통해서 얻었다. 만일 내가 책을 읽지 않았다면 이렇게 책을 쓰는 일도 없었을 것이고 여전히 행복이라는 신기루를 찾아 헤매고 있었으리라.

최근에 다시 개설한 블로그의 닉네임을 '스만행자'라고 지었다. '스스로 만들어가는 행복한 사람'이라는 뜻이다. 어떤 성공과 행복도 '수신제가(修身齊家)' 없이는 불가능하다. 하루하루 나를 바로 세우고 가정을 행복한 안식처로 만드는 일은 책을 읽고 깨닫고 작은 실천을 통해서 가능하다. '나 스스로 나를 돕는 일', 그것이 바로 셀프 독서경영이 아닐까.

협력자에게
점심을 대접하라

처음 공인중개사 사무실을 개업하고 중개가 익숙하지 않다면 공동 중개를 적극 활용해야 한다. 공동 중개를 하게 되면 내가 좀 미숙하더라도 선배 공인중개사가 잘 리드하기 때문에 계약까지 무난하게 진행된다. 그러면서 선배 공인중개사의 브리핑이나 클로징 방법을 자연스럽게 배울 수 있다. 무엇보다 초보가 가장 두려워하는 계약서 작성도 선배 공인중개사가 작성하기 때문에 훨씬 부담을 덜 수 있다. 자신감이 생기기 전까지는 공동 중개를 적극적으로 활용하자.

공동 중개를 마치고 난 후에는 선배 공인중개사에게 점심식사를 대접하자. 식사를 하면서 자연스럽게 좋은 정보도 귀동냥할 수 있고 감사하는 마음도 전할 수 있다. 항상 내가 점심을 사겠다는 마음가짐으로 선배 공인중개사를 대접해야 한다.

전화로 마무리할 수 있는 일도 처음에는 무조건 오전에 전화를 돌려서 점심약속을 잡아야 한다. 내가 속해 있는 단지보다는 다른 구역에서 활동하는 공인중개사 사무실에서 선배 공인중개사를 정해 점심식사를 권해보라. 이때 무턱대고 만나서 점심식사를 하자고 하면 거부감을 가질 수 있다. "A부동산을 매수하려는 고객이 있는데 선배님께 조언을 구하고 싶다"라는 명확한 목적을 가지고 만나야 한다. 실제로 매수문의를 하는 고객이 많으므로 정확한 매수자 정보를 가지고 선배 공인중개사에게 질문하면 주변 상황도 정확하게 파악할 수 있고 평소에 궁금한 사항도 물어볼 수 있다. 무엇보다도 이런 개인적인 접촉을 통해서 친밀한 관계를 형성할 수 있다.

공동 중개 가능성이 있다는 의미에서 다른 사무실의 공인중개사는 '고객'이라 할 수 있다. 다시 말하지만 고객에게 내가 먼저 다가서야 한다. 일주일에 서너 번은 선배 공인중개사에게 점심식사를 대접하라.

점심식사의 기술

선배 공인중개사는 사실 초보에게는 보물과도 같은 존재다. 같은 직업이기 때문에 경쟁자라고 생각하면 오산이다. 실제로는 서로가 서로에게 가장 귀한 고객이다. 대부분 공인중개사들은 자신을 믿고 따르는 투자자들이 항상 대기하고 있어서 급매나 수익이 많이 나는 중개인 경우에는 신속하고 은밀하게 일을 처리할 수 있기 때문이다. 이럴 때 공동 중개를 하면 좋다.

한편, 부동산 고객과의 식사는 계약 전에는 절대로 하지 말아야 한다. 계약을 하기 전에 식사를 하게 되면 왠지 모르지만 계약 성사율이 떨어진다. 계약을 한 이후에 식사는 상관이 없지만 계약 전에 식사는 지양하기를 권한다. 이런 일은 나만 겪은 게 아니라 많은 공인중개사가 공통적으로 겪은 일이다. 계약하기 전에 식사를 통해서 친해지게 되면 억지스러운 요구도 하게 되고, 계약을 안 하게 되면 미안해서 완전히 관계가 끊어지는 경우도 허다하다.

또 점심식사는 너무 고가인 음식은 피해야 한다. 계약을 했다고 하더라도 아직 수수료를 받기 전에는 계약이 마무리된 것이 아니다. 저녁식사는 술로 이어지기 십상이라서 비용 부담이 있다. 서로 부담되지 않게 간단한 점심식사를 하는 것이 좋다. 어느 동네나 싸면서도 맛있는 식당이 있기 마련이다. 이런 식당을 미리 예약해서 밀리지 않는 시간에 방문한다. 계획도 없이 갔다가 사람이 너무 많으면 오히려 기분만 상하고 돌아올 수도 있다.

점심을 같이하는 목적은 친교에 있다. 비싼 음식을 한 번 먹는 것보다는 부담가지 않는 음식을 서너 번 같이 하는 것이 낫다. 자신의 사무실과 연관이 있는 근처 공인중개사 사무실 소장을 한 명씩 만나서 친분을 쌓고 언제든지 서로 부탁을 주고받을 수 있는 관계로 발전시키길 바란다.

어느 정도 친분이 쌓이면 꼭 돈을 번 스토리를 물어보아라. "어떻게 돈을 벌었어요?" "요즘 돈 되는 물건 혹시 없나요?"라고 물어보면 된다. 스토리는 듣는 재미도 있지만, 각색해서 고객에게 들려줄 수 있어서 훌륭한 대화 소재가 된다.

모든 운은 사람에게서 나온다

내가 어떤 사람을 만나고 있느냐가 모든 성과를 좌우한다. 내가 지금 자주 만나는 사람 다섯 명의 연봉을 산술평균하면 나의 연봉이 된다는 우스갯소리도 있지 않은가. 한정된 시간에 내가 만나야 할 사람들을 올바르게 선택하고 그 인연에 최선을 다해야 한다.

항상 상대를 감사한 마음과 겸손한 마음으로 대하여 선배 공인중개사에게 '초보지만 인간성이 된 사람이어서 도와주고 싶다'라는 평가를 받아야 한다. 신기하게도 오래된 인연보다 만난 지 1, 2년 된 이들을 통해 많은 계약이 연결되었다.

부동산 에이전트로 왕성하게 일하다 보면 전화를 많이 하게 되어서 사람 관리가 여러 가지로 힘이 든다. 그래서 고안한 방법이 중요 고객만 따로 '인연 노트'를 만들어 관리하는 것이다. 하루에도 수십 통의 전화를 하기 때문에 따로 정리하지 않으면 고객을 놓치기 쉽다. 하루를 정리하기 전에 스마트폰을 보면서 인연 노트에 기록하는 시간을 가지는 것이다. 내가 고객과 처음 인연이 닿은 날짜, 고객의 필요사항, 다시 연락해야 할 타이밍을 메모해놓고 통화 내용을 간단히 메모해놓는다. 그리고 텔레마케팅 시간에 인연 노트를 보면서 전화를 걸어 한 번 맺은 인연을 끝까지 가지고 가야 한다.

모바일 고객관리는 네이버 캘린더와 구글 캘린더를 활용하면 좋다. 나는 네이버 캘린더는 고객관리용으로, 구글 캘린더는 업무용으로 활용한다. 네이버 캘린더에는 고객의 생일, 일주년 등 축하할 일을 기록하고, 구글 캘린더에는 업무 스케줄을 기록한다.

좋은 사람들을 적극적으로 만나라

'점심을 사라'는 말은 좋은 인연을 만들기 위해서 적극적으로 노력하라는 말이다. 내가 먼저 단정하게 차려입고 올바른 마음가짐으로 좋은 사람들이 모여 있는 모임을 적극적으로 찾아 나서야 한다.

제일 먼저 추천하는 모임은 독서 모임이다. 독서를 통해서 자신의 미래를 준비하는 사람들과 인연을 같이하게 되면 내 삶도 그들처럼 올바른 방향으로 가게 된다. 독서 모임을 하는 사람들은 당연히 재테크에도 관심이 많아서 이미 부를 이룬 사람도 많다. 술을 통해 친분을 쌓는 인연보다 책을 통해 친분을 쌓는 인연을 늘려나간다.

공인중개사 모임도 적극 참여해야 한다. 같은 일에 종사하는 사람은 가장 의지가 된다. 그 외에도 종교활동, 취미활동, 지역 커뮤니티 활동 등 자신이 할 수 있는 많은 모임에 적극 참여한다. 한 사람 뒤에는 평균적으로 250명의 인연이 연결되어 있다고 한다. 내가 한 사람과 진실한 관계를 맺는다면 250명의 가망 고객을 얻을 수 있다. 꼭 영업만을 위해서가 아니라도 좋은 인연은 내 삶을 더 윤택하고 즐겁게 만들어준다.

결코 사소한 인연은 없다

사무실에 있으면 여러 종류의 사람이 사무실을 방문한다. 계약을 위한 예비 고객이 방문하면 좋겠지만, 대출영업자, 보험영업자, 길 물어보는 사람 등 자신을 귀찮게 하는 사람이 방문하기도 한다. 하지만 이들 모두 잠재고객이라는 사실을 명심해야 한다.

개척 영업을 하게 되면 굉장히 피로하고 지칠 수 있다. 급한 일이 없다면 차한잔을 권하고 진지하게 영업에 대한 조언을 듣거나 담소를 나누어 '그 공인중개사 사무실은 다르다'라는 인상을 줘야 한다.

그리고 헤어질 때 부동산 관련 일은 언제든지 소개해 달라고 내 업을 다시 알려야 한다. 어떤 이유에서든지 내 사무실에 제 발로 들어온 사람이라면 최대한 친절하게 응대한다. 길을 묻는 사람이 오면 일단 안으로 들여 지도로 설명해준 후 명함을 건네자. 지금 당장 내 고객은 아니지만 나의 친절이 언젠가 다시 돌아온다.

마케팅 또
마케팅하라

부동산 에이전트의 근본적인 사명은 고객의 니즈를 해결해주는 것이다. 그 해결 결과로 계약서를 작성하고 중개보수를 받는 것이다. 고객의 니즈를 해결하고 계약서를 작성하기 위해서는 어떻게 해야 할까?

매물을 확보하고 나를 알려라

처음 사무실을 오픈한 후에는 포털 매물을 중심으로 시세를 파악하고 발품을 팔면서 인근 동네에 나온 매물을 파악해야 한다. 돌아다니다 보면 주인이 직접 내놓은 물건들이 있다. 이런 물건들은 당장 전화해서 "사장님 제가 중개해도 될까요?"라고 허락을 받고 물건을 확보해야 한다.

동네 사람에게 내 사무실을 알리기 위해서 자주 이벤트를 해야 한다. 선팅을 한 번씩 바꾸기도 하고 현수막을 달기도 하면서 '내가 여기에 있다' '부동산에 대한 궁금증이 있으면 우리 사무실로 찾아오라'고 무언의 메시지를 계속해서 보내야 한다.

사람들은 공인중개사 사무실을 볼 때 별 의미 없이 바라본다. 부동산에 관련된 일은 일 년에 한 번 정도 있을까 말까 한 일이기 때문에 별로 관심이 없다. '저 공인중개사 사무실은 좀 열심히 하는 것 같네' '나중에 일 생기면 저기로 가야지'라는 생각이 들 정도로 마케팅해야 한다.

최근에 우리 사무실 입구에 꽃 화단을 만들었다. 화단 뒤로는 양복 입은 멋진 신사가 웃으면서 반기고 있다. 일반 공인중개사 사무실에는 볼 수 없는 색다른 풍경이다. 거리를 지나가는 사람들은 꽃이 핀 화단을 보면 다른 사무실보다 더 친근감을 가질 것이다. 그렇게 사소하지만 확실한 차별화로 내 사무실을 알려야 한다.

내비게이션에 상호를 등록하라

멀리서 사무실을 찾아오는 고객을 위해서 내비게이션에 사무실 상호를 등록한다. 네이버와 다음에 업체등록을 하면 자연스럽게 네이버 내비게이션과 카카오 내비게이션에 상호가 검색된다. 하지만 T-MAP이나 아이나비 등에는 사무실 상호를 등록해주어야 한다. 내 사무실을 찾아오는 고객들이 조금이나마 편하게 사무실을 찾아올 수 있도록 내비게이션 홈페이지에 가서 상호를 등록하기 바란다.

주소를 물어보는 고객에게 "내비게이션에서 'OO 부동산' 검색해서 찾아오시면 돼요"라고 말하면 된다. 사소한 일이지만 내비게이션에 등록되었다고 하면 왠지 믿음이 가고 스마트해 보인다.

특히 신도시는 초행인 경우에 주소가 복잡해서 찾아오기 어려우므로 주소 때문에 스트레스를 받지 않도록 미리미리 내비게이션에 내 상호를 등록하도록 하자. 상호를 등록할 때 내 사진과 업체 사진을 찍어서 같이 등록한다. 그래야 더욱더 믿음이 간다.

네이버 키워드 마케팅

네이버 검색 마케팅 서비스 중에 '클릭 초이스' 상품이 있다. 키워드를 등록해놓고 고객들이 클릭했을 때 비용이 부과되는 광고 상품이다. 키워드 마케팅은 블로그 마케팅과 다르게 돈을 네이버에 지불하므로 맨 상단에 노출되는 효과가 있다. 상호명을 알려야 하는 입장에서 키워드 마케팅은 필수다.

하지만 키워드 마케팅을 제대로 이용하는 사람이 별로 없다. 키워드 마케팅에서는 세부 키워드를 설정하는 것과 랜딩 페이지의 콘텐츠를 잘 연결하는 것이 중요하다. 랜딩 페이지는 광고를 클릭했을 때 연결되는 페이지를 말한다. 예를 들어 '세종시 코끼리부동산'이라고 네이버에 검색한다고 해보자. '세종시 코끼리부동산'이란 키워드를 등록해놓은 경우라면 내가 지정한 블로그나 카페 또는 홈페이지가 네이버 상단에 올라오게 된다. 즉 바로 검색할 수 있는 확률이 높아지는 것이다. 아래 상황을 예로 설명해보겠다.

상황: 세종시 고운동에 25평 아파트 매수를 원하는 고객이 있다. 이 고객은 초등학교가 가깝고 방 3개의 아파트를 구하고 싶어 한다.

위와 같은 상황일 경우에 고객은 네이버 검색창에 어떤 검색어를 넣을까? '고운동 25평 아파트' '세종시 25평 아파트' '고운동 싼 25평 아파트' '방이 3개인 고운동 25평 아파트' '뷰가 좋은 25평 아파트' '학교가 가까운 고운동 25평 아파트' '고운동 공인중개사 사무실' 등 본인의 상황에 맞게 떠오르는 검색어를 넣을 것이다.

만일 위에 있는 검색어들을 모두 예상해서 키워드를 등록해놓았다면 내가 등록해놓은 홈페이지나 블로그가 맨 위에 나타나게 된다. 그러면 고객은 내 블로그에 방문하게 되고 설명해놓은 아파트가 맘에 들게 될 경우 전화를 걸어서 약속을 잡게 될 것이다.

그런데 대부분 등록해놓은 블로그가 '고운동 25평'에 대해서 직접적으로 설명한 페이지가 아닌 경우가 많다. 랜딩 페이지 주소를 '고운동 25평'을 설명하는 페이지가 아니라 홈페이지 메인 페이지로 설정한 것이다. 이럴 경우 고객은 그 페이지를 나가버리게 된다. 키워드 마케팅을 해도 고객과 연결이 잘 안되는 이유가 랜딩 페이지에 있다. 그러므로 랜딩 페이지의 연결URL을 제대로 설정해주는 것이 중요하다.

또 키워드 마케팅에서 가장 중요한 것은 키워드를 발굴하는 것이다. 과연 내가 가지고 있는 매물을 고객들이 어떤 검색어를 통해서 검색할지 고민해야 하고, 그 매물에 대해 정성스럽게 포스팅해서 올려놓은 페이지가 검색되도록 랜딩 페이지 설정을 잘해야 한다.

글로 읽어서는 잘 이해가 안 될 것이다. 이 부분은 좀더 디테일하게 공부하면 좋다. 참고로 나는 네오비 중개실무교육에서 디테일하게 배울 수 있었다.

컴퓨터, SNS와 친해져라

이제 컴퓨터 없이는 중개가 거의 불가능해졌다고 할 수 있다. 중년에 부동산 중개를 시작하는 사람 중에는 찾아오는 사람만 상대하겠다고 생각하는 사람이 있다. 아주 입지가 좋은 곳에 권리금을 많이 주고 개업한다면 가능한 이야기일지도 모르겠지만, 그러기란 쉽지 않다. 이제 세상은 모바일 중심으로 바뀌고 있다. 부동산 에이전트가 되려고 마음먹었다면 기본적인 엑셀, 파워포인트, 워드, 블로그, 사진 편집, 영상 편집, 페이스북, 인스타그램 등을 적극적으로 활용해야 한다.

개업 공인중개사 10만 명 시대다. 고객들은 모바일 중심으로 매물을 검색하고 있다. 그렇다면 부동산 에이전트도 이에 따라가야 한다. 고객들은 나이가 많다고 이해해주지 않는다. 아무것도 모르는 상황에서 개업하는 것은 무덤을 파는 일이다. 개업하기 전에 공인중개사 업무에 필요한 컴퓨터와 모바일의 기본 능력을 숙지해야 한다. 부동산에 필요한 필수 애플리케이션도 다운받아서 사용법을 익혀야 한다. 공인중개사 업무 관련 필수 애플리케이션과 홈페이지는 부록에 첨부하였으니 참고하기 바란다.

토지 중개에
도전하라

부동산 에이전트로서 매출을 많이 올리려면 물건 가격이 비쌀수록 유리하다. 물건 가격에 따라 수수료 요율이 계산되기 때문이다. 고가의 물건에도 관심을 가져야 한다.

아파트 중개도 익숙지 않은 초보 부동산 에이전트는 고가의 물건에 대해 심적으로 위축되기 십상이다. 특히 토지는 중개 사고 사례가 많아서 더욱더 꺼린다. 그런 이유로 10년 넘게 현장에서 일했으면서도 토지 중개는 한 번도 해보지 못한 공인중개사가 많다.

토지 중개는 수수료 요율이 높아서 매출을 높이는 데 큰 도움이 되므로 꼭 도전해보기를 권한다. 나 역시 처음에는 어떻게 시작해야 할지 갈피를 못 잡았다. 하지만 모든 중개가 그렇듯이 하려고 마음만 먹으면 가능하다. 토지 중개를 위한 기본을 익히고 토지 중개에 도전해보자.

지역에 따라서 토지 중개가 어려운 입지도 있을 것이다. 그러면 상가나 빌딩 또는 단독주택이나 다가구 주택 등 고가의 부동산을 찾아보자. 이런 고가의 부동산에 대해 '내가 할 수 없는 영역'이라는 고정관념을 버리고 그 일을 해내기 위해 노력하고 배워야 한다.

책과 교육을 통해서 기본 지식을 익히자

나의 첫 토지 계약은 택지였다. 택지는 중개 사고가 날 염려가 거의 없기 때문에 알고 보면 아파트보다 오히려 훨씬 더 중개가 쉽다. 혹시 주위에 아직 분양이 되지 않은 택지가 있다면 관심을 가지고 물건 작업을 꼭 해보기를 추천한다.

내가 택지 중개를 할 수 있었던 이유는 개업 전에 읽었던 토지 관련 서적 때문이었다. 실전은 아니지만 책을 통해서 토지 중개에 대한 기본적인 상식을 얻을 수 있어서 거부감이 없었던 것이다. 토지 공부를 위한 책 추천도 부록에 첨부했으니 참고하기 바란다.

책을 읽고 맘에 드는 저자의 카페에 가입해서 공개강좌를 듣고 부족한 지식을 채우면 좋다. 어느 정도 기본 지식이 있어야 토지 전 공인중개사에게 자문을 구해도 질문을 구체적으로 뽑을 수 있다. 지역마다 토지 중개를 하는 공인중개사 모임이 있으므로 가입해서 조언을 얻고 공동 중개를 해나가면서 하나씩 배우면 어렵지 않게 토지 중개를 할 수 있다.

일단 공동 중개로 시작하자

토지를 전문으로 하는 선배 공인중개사 사무실을 찾아간다. 그렇다고 무작정 찾아가면 서로에게 시간 낭비다. 사무실에 있다 보면 꼭 토지를 찾는 고객이 있기 마련이다. 이때가 기회다. 토지를 찾는 고객이 정확하게 찾는 토지 매물이 어떤 것인지 파악한 후에 토지 전문 공인중개사를 찾아가야 한다.

고객이 토지를 찾는 이유는 크게 두 가지다. 하나는 투자용이고 하나는 개인적인 용도다. 우선 투자용으로 찾는 고객에게는 토지를 찾아주기가 쉽다. 그래서 대출을 포함한 총 투자금액이 얼마인지 확인하고 그 금액에 맞게 현장에 나와 있는 모든 매물을 확인한 후에 추천해주면 된다. 이때 최대한 많은 매물을 보는 것이 좋다. 상대 공인중개사가 고객에게 하는 설명을 듣고 간접적으로 브리핑하는 방법을 배울 수 있기 때문이다. 일반적으로 토지를 찾는 고객은 쉽게 거래하지 않기 때문에 선배 공인중개사도 함부로 브리핑을 하지 않는다. 그래서 꼭 고객과 함께 가야 하는 것이다.

두 번째로 개인적인 용도가 있는 토지 매수자인 경우에는 토지를 구해주기가 상당히 까다롭다. 식당, 카페, 공장, 창고 등 용도에 따라서 법적인 제한이 다르고 중개 사고의 위험도 존재하기 때문이다. 하지만 너무 두려워할 필요는 없다. 토지 이용에 대해서 가장 잘 알고 있는 담당 공무원과 시청 앞 토목설계 사무실이 있기 때문이다. 책을 통해서 공부한 대로 식당인 경우 어떤 용도의 토지에서 가능한지, 공장인 경우 어떤 용도에서 가능한지 기본만 파악하고 인허가는 토목설계 사무실이나 담당공무원을 통해서 계약 전에 미리 확인하면 된다.

토지를 매수하고자 찾아오는 사람들을 절대로 그냥 보내면 안 된다. 고객이 원하는 토지가 어떤 토지인지 질문을 통해서 알아본 이후에 거기에 맞는 토지를 공동 중개를 통해서 적극적으로 알아보아야 한다. 토지는 입지와 가격이 적정하면 빠르게 계약이 진행되는 경향이 있다. 토지를 찾는 사람 중에는 투자 고수가 많기 때문이다. 토지를 찾는 고객이 왔을 때 기회를 놓치지 말고 최대한 성사시키자.

토지개발업자와 상생하라

토지개발업자들은 주로 신도시 주위의 저렴한 농지나 임야를 크게 매입해서 전원주택이나 공장 부지로 개발하는 사업을 한다. 개발업자들의 토지에 대해서 선입견이 많은데 잘 살펴보고 입지나 금액상으로 매력적인 토지들이 있을 경우에는 주저하지 말고 분양을 통해서 수익을 창출해야 한다.

사실 토지만 중개하는 공인중개사 사무실은 개발업자들의 토지를 잘 취급하지 않는다. 그리고 개발하면서 1차적으로 수익을 남겼기 때문에 고객들이 샀을 때 시세 차익이 없다는 이유를 근거로 제시한다. 하지만 토지개발업자들의 토지는 개발행위허가를 통해서 적당한 규모로 분필(등기부에 한 필지로 되어 있는 토지를 여러 필지로 나눔)이 되어 있고, 건물을 지을 경우 용도지역이 바뀌기 때문에 토지 가치가 올라가서 그렇게 비싼 것만은 아니다. 입지나 방향에 따라서 다르긴 하겠지만 개발업자의 토지를 무조건 나쁜 것이라고 터부시할 필요는 없다.

특히 개발업자들은 단기 투자로 빨리 투자금을 회수하고 싶어 하기 때문에 분양 수수료를 많이 제시하는 경향이 있고, 네고도 잘되는 편이다. 물론 분양 수수료 때문에 고객의 요구에 맞지 않는데 매수를 부추기는 것은 금물이다. 고객이 원하는 매물과 유사성이 있을 경우에는 개발업자의 토지라도 원형지(原形地 : 농지, 임야 등 개발하지 않은 토지)보다 더 좋기 때문이다. 2018년에 나도 공장 부지를 찾는 고객에게 개발업자가 개발한 토지를 중개한 적이 있다. 기존 거래 가격보다 저렴하면서 도로에 접한 토지였기 때문에 고객이 만족해하는 중개를 할 수 있었다.

공인중개사 사무실에 있다 보면 많은 영업인이 토지나 상가 분양을 위해서 방문한다. 하나하나 자료를 검토하고 직접 임장해서 시세보다 저렴하게 분양하는 토지나 상가는 적극 유치해서 고객에게 유리한 계약을 이끌어내야 한다. 토지나 다른 부동산도 아파트 매물과 똑같다고 생각하고 관심을 가지면 중개할 수 있는 기회가 반드시 생긴다. 지레 겁먹고 포기하지 말고 처음부터 차근차근 준비하면 된다.

매물을 포스팅하고 마케팅하라

토지 중개에 있어서는 좋은 매물을 확보하는 것이 관건이다. 토지 고객들은 토지를 전문으로 하는 중개사를 집중적으로 찾기 때문에 단지 내에서 토지를 중개하는 것은 생각보다 힘들다. 하지만 단지 내에 있더라도 내가 확보한 투자자들에게 좋은 토지를 소개하는 일은 충분히 가능하다.

사실 토지 투자는 산골짜기 맹지나 지분투자와 같이 기획 부동산에서 판매하는 토지를 제외하고는 거의 지가가 오르기 때문에 투자를 권유하는 데 별로 부담이 없다. 도시계획, 도로계획 등 사실에 입각해서 발전이 예상되는 지역의 토지를 선점하면 고객에게 큰 이익을 남겨줄 수 있다.

　그러므로 절대로 아파트만 취급하는 공인중개사가 아닌 토지 중개도 가능한 공인중개사임을 적극적으로 마케팅해야 한다. SNS 마케팅은 페이스북, 인스타그램, 유튜브까지 확장되고 있다. 나는 요즘 유튜브 마케팅을 고려하고 있다. 특히 토지는 드론으로 사진을 찍고 편집해서 방송하는 마케터가 부쩍 늘었다. 투명성이 보장되기 때문에 토지 시장에서는 유튜브 마케팅이 앞으로도 강세일 것 같다.

　유튜브 마케팅은 퀄리티보다 양적으로 접근하는 것이 유리하다. 모든 마케팅의 목적은 고객의 편의성을 위한 것이다. 고객이 궁금해하는 모든 정보를 블로그 글이나 유튜브 영상으로 소개해서 나와 만날 수 있는 확률을 높여야 한다.

6장

성공과
운을 끌어오는
5가지 습관

100번 쓰기로
성공을 각인하라

　김승호 회장은 저서《생각의 비밀》에서 꿈을 이루는 방법으로 '100일간 100번 쓰기'를 소개한다. 자신이 결혼, 미국 이민, 스노폭스의 성공을 이룬 것은 모두 '생각의 힘' 덕분이라는 게 주요 메시지였다. 그리고 생각의 힘을 얻을 수 있는 방법으로 가장 좋은 것이 '100일간 100번 쓰기'이고, 자신도 명함만 한 크기의 종이에 이루고 싶은 목표를 써서 항상 가지고 다닌다고 했다.

　누구에게나 '100일간 100번 쓰기'가 효과가 있을까? 100일간 100번 써서 모든 것이 이루어진다면 이 세상 사람이 모두 꿈을 이룬다는 건가? 반신반의하면서 100번 쓰기를 해봤다. 그런데 지금까지 여러 가지 내용으로 100번 쓰기를 해본 결과, 정말 이 방법은 성공 확률을 높여준다고 확신하게 되었다.

일단 한번 100번 쓰기를 해본다

100이란 숫자가 가지고 있는 의미는 완성이다. 단군신화에도 "신령스러운 쑥 한 줌과 마늘 20개를 먹고 100일 동안 햇빛을 보지 않고 참으면 사람이 된다"라고 나온다. 100일이란 기간은 인내와 끈기를 상징한다. 100일간 100번을 쓴다면 한 가지 목표를 1만 번 쓰게 되는 것이다.

내가 '100일간 100번 쓰기'를 시작하게 된 계기는 상가 시행 투자 때문이었다. 상가 시행은 상가 필지를 사서 건물을 지어 분양하는 것을 말한다. 세종시 같은 신도시에서는 항상 상가공실 문제가 발생한다. 건물 토지 입찰 경쟁이 심해서 시행사는 높은 분양가에 토지를 낙찰받을 수밖에 없다. 그러다 보니 임대가격이 높아져서 심각한 공실이 발생하는 것이다.

그런데 지인에게서 상가 시행을 하고 싶으니 토지 매수 자금을 투자할 투자자들을 모집해 달라는 부탁을 받았다. 다행히 그 상가 필지는 주차타워로 지정되어 있어서 상대적으로 분양이 수월해 보였다. 마침 매수가격도 상대적으로 저렴했다. 오랜 고민 끝에 상가 투자자를 유치해주기로 했다.

주차타워는 운영만 잘된다면 건물을 짓고 담보대출만 받아도 충분히 투자자들에게 수익금을 줄 수 있다. 게다가 시행을 추진하는 시행사 대표가 신뢰가 가는 사람이라서 최선을 다해서 투자자를 유치했다. 그와 동시에 100일간 '주차타워 완판' 100번 쓰기에 돌입했다. 내가 유치한 투자자들의 수익을 위해서, 시행사 대표의 사기진작을 위해서 시작한 '100일간 100번 쓰기'는 어느새 나의 간절한 바람이 되었다. 완성한 100번 쓰기는 한 권의 책으로 만들어서 시행사 대표에게 성공 기원의 의미로 선물했다. 결과적으로 주차타워에 투자한 사람들은 1년 6개월 만에 상당한 수익을 냈다.

나는 누가 좋다고 하면 일단 해보는 성격이다. 좋게 말하면 실행력이 좋고 나쁘게 말하면 귀가 얇은 편이다. 어쨌든 나는 이후로도 '100일간 100번 쓰기'를 몇 차례 해보았고 효과를 보았다.

'100일간 100번 쓰기'를 해본 사람은 알겠지만 100일은 생각보다 '엄청나게' 길다. 그래서 자신이 정말로 원하는 일이 아니면 억지로 100일간 끌고 갈 수가 없다. 100일을 끌고 갈 수 있느냐로 자신이 정말 원하는 일인지 여부가 판가름 난다. 100번 쓰면 아무리 빨라도 1시간이 걸린다. 원하지 않는 일에 100시간을 투자할 수는 없다.

'100일간 100번 쓰기'는 사실 꼭 100일일 필요는 없다. 나는 '300일간 3가지 목표 100번 쓰기'를 하고 있다. 1년 목표 3가지는 79킬로그램 미만으로 체중 조절하기, 매출 4억 원 초과 달성하기, 베스트셀러 저자되기이다.

1년 목표 외에도 다른 사람을 위한 100번 쓰기도 하고 있다. 바로 '○○상가 완판'이다. 내게 큰 도움을 주었던 대표라서 꼭 상가가 완판 되기를 바라는 마음이 있다. 진심을 담아 100일간 100번 쓰기를 한 후 책으로 만들어 선물할 생각이다. 올해 초 100번 쓰기는 가벼운 마음으로 시작했는데, 수개월이 지나니 현실로 이루어질 것 같아 설렌다.

100번 쓰기는 목표 달성 확률을 높여준다

100번 쓰기는 소원을 이루어주는 마법의 램프는 아니지만, 아침에 100번 쓰기를 하면 목표를 위해 그날 하루를 보낼 수 있다. 목표를 향해 궤도를 조정해주어 달성 확률을 높여주는 것이다. 예를 들어 79킬로그램을 100번 쓰고, 실천 행동으로 '8시 이후에 금식하기, 금주하기, 절제의 성공학, 과일 채소식 하기'를 아침에 쓴다. 그러면 뇌에 목표가 각인되었기 때문에 저녁 술 약속을 거절하는 게 쉬워진다. 예전에는 "술 한잔하자"라는 전화에 무의식적으로 "OK"라고 반응했다면, 100번 쓰기 이후에는 "NO"라고 거절할 수 있다. 그것이 바로 100번 쓰기의 효과다.

처음 100번 쓰기를 하는 사람들은 "100일간 연속적으로 쓰지 않으면 효과가 없나요?" "하루에 2번 나눠서 쓰면 안 되나요?"라는 질문을 많이 한다. 사실 횟수가 중요한 것이 아니다. 100일간 100번 쓰기를 해서 뇌에 자신의 목표를 각인시키는 것이 중요하다.

2018년은 내 인생의 터닝 포인트가 되는 해다. 이미 10킬로그램 이상 감량했고 매출은 신장되었으며 꿈꾸던 저자가 되었기 때문이다. 가을부터는 100번 쓰기 헤드라인에 '2018년에 이룰 목표'가 아니라 '2018년에 이룬 목표'라고 적고 있다. 완료형으로 나 자신을 더 몰아붙이고 있다.

내가 바라는 행복한 삶이란 그리 어려운 것이 아니다. 나는 육체적·경제적·정신적·영적으로 행복과 성공을 이루고, 가족과 주변 사람도 행복과 성공을 이룰 수 있도록 돕는 것을 사명으로 삼는다. 규모를 막론하고 한 기업의 대표는 사업 성공을 통해 직원과 직원의 가족이 행복해지도록 힘써야 한다고 믿는다. 사업 성공을 위해서는 목표를 세우고 다시 그 목표를 잘게 나누어서 조금씩 이루어나가야 한다. 이때 목표는 나만을 위한 목표가 아닌 모두가 행복해지는 것이어야 한다.

내 경험상 목표를 가장 쉽게 이룰 수 있는 방법이 100일간 100번 쓰기다. 목표를 정하고 100일간 100번 쓰기에 도전해보자. 나처럼 300일간 100번 쓰기도 좋다. 어쨌든 자기 역량보다 조금 더 높게 목표를 설정해서 매일 조금씩 이루어나가자. 나는 100번 쓰기를 서로 응원하는 차원에서 '100번 쓰기 성공연구소'를 열 계획이다.

미라클 모닝으로
성공을 깨워라

10년 전쯤에 공병호 박사를 멘토로 삼고 그의 개인 홈페이지를 자주 방문하곤 했다. 공병호 박사는 새벽형 인간이었다. 홈페이지에 새 글이 매일 새벽 4시에 올라왔다. '어떻게 인간이 하루도 빠짐없이 새벽 4시에 일어날 수 있지?' 하고 신기해하면서 그의 생활습관을 따라 해본 적이 있다. 물론 도전은 실패했다.

얼마 전, 독서포럼 지정도서로 할 엘로드(Hal Elrod)의 《미라클 모닝(miracal morning)》을 읽었다. 이 책을 읽고 새벽형 인간에 다시 도전했고 현재까지 유지하고 있다. 아내와 나는 새벽 5시에 일어나서 하루를 시작한다. 신기하게도 새벽 5시에 일어나도 하루가 바쁘고 할 일이 많다. 예전처럼 아침 8시에 일어나면 시간이 모자랄 것 같다.

새벽 시간에는 '급하지는 않지만 내 삶에 중요한 일'을 하는 시간으로 정했다. 바로 내 자신의 삶, 건강, 가정을 챙기는 시간이다. 사업도 중요하지만 그 사업의 근본 목적은 내 자신의 삶과 건강 그리고 가정을 돌보는 것이 아닐까. 아무리 계약을 많이 해서 수수료를 많이 받는다고 해도 가족과 건강을 잃어버린다면 아무런 소용이 없다. 잠들어 있는 시간을 깨워 새벽의 기적을 경험해보자. 미라클 모닝이 쌓이면 어느 순간 삶의 변화를 실감하게 된다.

미라클 모닝의 방해 요소를 체크한다

미라클 모닝을 위해서는 전날 저녁이 중요하다. 늦게 자면 일찍 일어날 수 없다. 일찍 일어난다고 해도 그날 하루는 졸려서 엉망이 되고 만다. 미라클 모닝의 첫 번째 관문은 일찍 퇴근하고 오후 10~11시 사이에 잠을 자는 것이다. 저녁형 인간에게는 가장 힘든 주문이다. 나 역시 저녁형 인간이었기 때문에 미라클 모닝 실천이 힘들었다.

심야 TV 프로그램에 빠지기라도 하면 오후 11시 전에 자는 것은 포기해야 한다. 음주 역시 미라클 모닝을 방해하는 커다란 방해 요소다. TV와 술을 모두 조절해야 미라클 모닝을 시작할 수 있다. 술과 TV를 단숨에 끊으려고 하면 '수도승이 될 것도 아니고 대체 어떻게 살라는 거냐'라는 내면의 거센 항의를 들을 것이다. 하지만 모든 것은 생각의 차이다.

자본주의 사회는 인정하고 싶지 않지만 '누가 중독시키느냐'는 파워 게임이다. 내 콘텐츠로 타인을 중독시켜서 지속적으로 돈이 들어오게 만드는 시스템을 구축하는 것이 사업하는 사람들의 근본적인 목적이다. 우리는 젊음, 패기, 열정, 낭만이라는 이름으로 술에 중독되고 재미, 트렌드라는 이름으로 TV에 중독된다. TV는 시청률을 높이기 위해서 온갖 수단을 동원한다. 시청자들을 중독시키기 위해서다. 또 술은 뇌세포를 파괴하는 알코올이다. 그것이 팩트다. 광고에서 보여주는 술의 이미지는 '즐거움' '유쾌함'이지만 술에 중독되면 음주운전, 자동차 사고, 카드 연체 등을 안겨줄 뿐이다. 미라클 모닝을 내 삶에 정착시키기 위해서는 제일 먼저 중독에서 벗어나야 한다.

금주 100일에 도전하다

술은 내가 제일 좋아하는 음식이었으며 수십 년간 내 친구 같은 존재였다. 그런데 어떻게 술을 끊는단 말인가? 상상도 할 수 없는 일이었다. 술을 끊을 생각이 있느냐는 질문에 내적인 저항이 심하다면 벌써 중독이 된 것이다. 그럼에도 내가 금주를 결심한 이유는 비만과 건강 때문이었다. 집안의 가장인 내가 일을 못하게 된다면 우리 가족은 어떻게 될지를 생각해보니 아찔한 생각이 들었다. 술을 마시면 그 다음 날은 숙취로 인해 피곤하고 집중이 안 되고 금전적인 지출도 만만치 않다.

나는 오랫동안 '술을 안 먹으면 왠지 정 없는 사람처럼 보인다' '술을 안 먹는 사람은 인정머리 없어 보인다' '술을 안 먹는 사람은 약아보인다'라고 생각해 왔다. 그러던 중 신야 히로미가 쓴 《불로장생 탑 시크릿》을 읽게 되었다. 저자는 "술을 마실 때마다 젊음이 사라진다"라고 냉정하게 평하며, 내장지방을 증가시키고 노화를 촉진시키는 원흉으로 술과 고기를 꼽았다. 특히 "술은 사람에게 백해무익하며 특히 술에 약한 사람은 각별히 주의해야 한다"라고 경고했다.

나는 술이 백해무익하다는 저자의 평가에 충격을 받았다. "소량의 술은 보양이지만 과음하면 안 된다"라고 알고 있었는데 백해무익이라니? 이를 계기로 술과 얽힌 과거를 한번 돌아보니 부끄러운 일이 너무 많았다. 마시는 순간에만 낭만적인 분위기와 들뜨는 감정이 들 뿐 정말로 백해무익하다라는 결론을 내리게 되었다.

결심하고 나서 일단 가족과 지인들에게 100일 금주를 선언했으며 모든 카톡방에 금주 실행 일수를 알렸다. 일주일의 고비를 넘기고 나자 '술을 안 마시고도 살 수 있구나'라고 놀랐고, 30일이 지나자 '술을 안 마시니 참 몸이 편하구나'라는 걸 실감했으며, 100일이 지나자 '절주도 가능하겠다'라는 생각이 들었다.

무심코 들이부었던 술이 내 몸을 망치고 내 기운을 빼앗아간다는 사실을 실감했다. 술은 백해무익하다. 술은 젊음을 앗아간다. 술은 뇌세포를 파괴한다. 이 세 가지 사실만 제대로 안다면 술을 끊지 않을 이유가 없다.

TV는 당분간 치워버린다

요즘에는 인간의 감성을 섬세하게 다루어 한 번 빠지면 끝까지 볼 수밖에 없을 만큼 완성도 높은 드라마가 많은 듯하다. TV를 없애자는 제안에 아내는 상당히 부정적이었다. TV를 봐야 세상 돌아가는 흐름을 알고 무료한 시간을 달랠 수 있다는 것이다.

TV는 너무 말초신경을 자극해서 '가짜 행복감'을 안겨준다. 나는 TV를 없애야 한다고 생각했다. 아내의 동의를 받아내는 방법은 의외로 간단했다. 아내에게 "내가 금주 100일을 지키는 동안 당신도 TV를 끊어보면 어떨까?" 하고 제안했다.

TV가 시간을 낭비하는 원흉이라는 데에는 아내도 어느 부분 인정했기 때문에 내 제안에 동의했다. 곧바로 TV를 눈앞에서 치워버렸다. 100일이란 기간 동안 아내와 나는 TV 대신 책을 보았다. 독서의 즐거움에 빠져 TV의 재미를 조절하는 내공을 쌓았다.

진실로 자신에게 좋다는 것을 알면 사람은 누가 시키지도 않아도 계속하게 된다. 좋다는 것을 머릿속으로만 알고 실감하지 못했기 때문에 그동안 하지 않았던 것이다. 내게 정말로 좋은 일이 무엇인지 알려면 공부가 필요하다. 건강에 좋은 일이든 경제적으로 좋은 일이든 자신에게 정말로 좋은 일이 무엇인지 한번 생각해보기 바란다. 그리고 단호하게 결행해보자.

약속은 되도록 점심에 잡고 일찍 잠자리에 든다

부동산업의 특성상 많은 사람을 만나기 때문에 자칫 저녁 늦게까지 일 관계로 약속이 잡힐 수 있다. 되도록이면 점심 약속으로 조율하는 것이 좋다. 처음에는 힘이 들겠지만 저녁 약속을 조정한 것만으로도 시간 유용이 더 원활해진다.

저녁 약속은 대개 술자리로 이어지기 쉽다. 술자리를 많이 갖으면 성과가 날 것이라고 생각하는데 이는 착각이다. 성과는 그렇게 한다고 올라가지 않는다. 사람들과의 소통은 점심 약속으로도 충분하다. 상대가 저녁에 만나자고 할 때 "요즘 100일 금주 중이다"라고 말하면 의외로 쉽게 양해를 얻을 수 있다.

저녁에는 일찍 귀가해 가족과 함께 저녁식사를 하고 여유시간을 보내다가 오후 10~11시경에 잠자리에 들자. 일찍 잠자리에 드는 것도 처음에는 굉장히 힘들다. 늦게 자는 습관이 몸에 배어 있어서 일찍 잠자리에 들면 어쩐지 손해보는 듯했다. 하지만 나는 알람시계를 따로 준비하고 스마트폰은 과감히 꺼두고 잠자리에 들었다. 숙면은 성공적인 미라클 모닝을 위한 필수조건이다.

나의 미라클 모닝 시간표

《미라클 모닝》은 아침시간을 주도적으로 활용하라는 메시지를 담고 있다. 책을 읽고 나에 걸맞게 아침시간을 활용하고 있다. 미라클 모닝을 실천하면 왠지 모르게 자신감이 붙고 의욕적이 된다. 아침햇살도 좋고 새소리도 좋다. 나는 크게 네 가지 활동을 하고 있는데, 이를 참고해 각자 미라클 모닝을 실천해보기를 권한다.

내 삶을 돌아보는 시간(1시간)

5시쯤 기상해서 친목 카톡방에 "미라클 모닝"이라고 인사하면서 하루를 시작한다. 간단하게 세수하고 내 삶의 사명과 1년 목표를 낭독한다. 올해의 목표 3가지를 100번 쓴다. 내 인생의 목표를 뇌에 각인하는 데 집중하는 시간이다.

건강을 위해 운동하는 시간(1시간)

아내와 함께 산책한다. 그날 날씨와 컨디션에 따라서 산에 가거나 헬스장에 간다. 운동하면서 사업 아이디어도 나눈다. 가끔 시간과 마음이 맞으면 동료 공인중개사와도 함께 오른다.

독서하는 시간(1시간)

운동 후에는 식사 전까지 독서를 한다. 독서 모임에서 정한 책을 읽거나 삶이 윤택해지는 주제의 책을 읽는다.

채소 위주 식단으로 식사하는 시간(30분)

아침식사 식단은 과일과 채소만으로 구성한다. 아침 과일식은 하비 다이아몬드의 《다이어트 불변의 법칙》에서 배운 방법인데 다이어트와 건강관리에 매우 효과적이어서 가족이 모두 실천하고 있다.

성공을 견인할
체력을 만들어라

"내 몸은 내 생각의 반영이다" "사람의 몸은 하루아침에 만들어진 것이 아니라 오랜 시간동안 습관에 의해 만들어진 것이다" "주름 하나조차 내 생각을 반영한다" "그런 의미에서 몸은 나를 가장 잘 드러내는 표현이라고 할 수 있다" 이런 문장들을 읽으면 왠지 억울해진다. 살이 조금 찐 것을 가지고 의지력이 없다고 몰아붙이는 것 같아서 속이 상한다.

건강은 사장의 덕목이다

그림자처럼 따라다니는 비만 탈출을 위해 2018년 1월에 다이어트를 결심했다. 시청 로비에 있는 인바디로 몸무게를 재보니 고도비만으로 나왔다. 부정하고 싶지만 몸무게 94킬로그램에서 20킬로그램

(그것도 지방만)을 감량해야 정상이었다. 대체 지방은 어디에 숨어서 이렇게 나를 힘들게 하는지 모를 일이다.

살을 빼야겠다는 생각을 하던 중에 다이어트 복싱 현수막이 눈에 띄었다. 복싱을 하면 왠지 화끈하게 감량이 될 것 같아서 3개월치를 등록했다. 그런데 한 달도 안 되어서 그만두었다. 혼자 줄넘기를 하다가 오른쪽 무릎에 이상이 생겼기 때문이다. 육중한 몸무게로 줄넘기를 하다가 다친 것인데, 그런 일을 겪고 나니 건강을 위해서라도 꼭 살을 빼야겠다는 생각이 들었다.

그동안은 고도비만인 체형에 익숙해져서 심각한 정도를 자각하지 못했다. 폭음을 즐기고 절제하지 못하던 내 생각이 내 몸에 그대로 반영된 것이다. 인정할 수밖에 없는 사실이었다. 아내는 몸이 약했다. 아프다는 말을 입에 달고 살아서 안 아픈 날이 있으면 신기할 정도였다. 정말 이대로는 안 되겠다 싶었다.

가장 기본은 건강인데 그 기본을 지키지 못하고 있다고 생각하니 스스로에게 오기가 생겼다. 아내도 자신의 연약한 몸이 싫다고 했다. 더 이상은 미룰 수 없다. "금주와 운동으로 같이 건강해지자" 하고 결심하고 그날부터 아내와 나의 100일 건강 산책이 시작되었다.

금식보다는 건강해지는 습관이 중요하다

하비 다이몬드의 《다이어트 불변의 법칙》은 나의 다이어트 결심에 불을 지폈다. 저자는 다이어트는 운동보다 음식이 더 중요하다면서 그 중요도를 음식이 90퍼센트, 운동이 10퍼센트로 보았다. 소화 주기인 오전에는 오로지 과일과 채소만 먹고 단백질과 탄수화물은 동시에 먹지 말라고 했다. 단백질과 탄수화물을 동시에 소화시키려면 우리 몸이 너무 힘들어서 지방을 분해하는 데 에너지를 쓰지 못한다는 것이다. 운동은 가볍게 걷는 것으로 충분하다고 했다.

아내와 나는 오전 과일식, 금주, 8시 이후 금식을 실천했다. 대부분 다이어트나 PT는 단기간에 살을 빼는 데 집중한다. 하지만 이번에는 습관을 바꿔 내 몸 구조를 조정하는 쪽으로 방향을 잡았다. 목표는 살을 빼는 것이 아니라 건강한 음식을 먹고 올바른 습관으로 독소를 제거하는 것이다.

매월 1킬로그램 감량을 지켜서 8월 현재 83킬로그램이 되었다. 4개월간 4킬로그램을 감량하면 2018년 첫 번째 목표인 79킬로그램을 이룰 수 있으리라. 몸무게 앞자리가 9에서 7로 바뀐 것은 20년 만이다.

식사 조절과 함께 산책을 했다. 아침 산책을 하는 동안 하루를 준비하며 생각을 정리했다. 오늘 어떤 업무가 중요하고 어떤 일을 먼저 해야 할지, 누구에게 전화를 걸고 해결해야 할 일은 무엇인지 걸으면서 생각하면 신기하게 정리가 더 잘됐다.

체력을 길러 자신감의 토대를 만든다

중개계약은 보이지 않는 무언가가 미묘하게 작용한다. 우리가 누군가를 만나 악수했을 때 이 사람과 계약을 해야 할지 말아야 할지 본능적으로 알 수 있다. 얼굴과 몸은 그 사람이 이제껏 어떻게 살아왔는지를 보여주는 창이다. 상대방의 눈을 바라보면서 악수할 때 나의 자신감이 전달되게 하려면 우선 건강한 체력이 필요하다. 매너 있는 태도, 건강한 외모, 자신감 있는 목소리는 알게 모르게 성과에 영향을 미친다. 팔굽혀펴기 100개를 한 번에 할 수 있는 체력이 되면 자신감이 생긴다. "사장이라면 팔굽혀펴기 100개의 체력을 기르자"는 선한 영향력을 주는 사장학 모임의 슬로건이다.

팔굽혀펴기는 언제 어디서나 돈 안들이고 할 수 있는 맨손운동이다. 팔굽혀펴기 100개를 한 번에 할 수 있으려면 엄청난 노력이 필요하다. 팔굽혀펴기 100개 프로젝트를 오늘부터 도전해보기를 바란다. 여자라면 무릎을 꿇고 팔굽혀펴기를 해도 된다. 먼저 내가 최대한 몇 개를 할 수 있는지 해보자. 만약 30개를 했다면 다음에 31개에 도전하는 식으로 늘려나간다. 2~3일 간격으로 하나씩 개수를 올려서 하다 보면 1년 안에 100개에 도달할 것이다. 팔굽혀펴기 50개 정도에 머리가 멍해질 만큼 고비가 온다. 나 같은 경우, 그때 "팔굽혀펴기 100개를 하면 1억 원 매출이 가능하다" "1억 원 매출을 꼭 해내겠다"라고 외치면 효과적이었다.

요즘은 아침식사 전에 팔굽혀펴기 100개를 한다. 팔굽혀펴기 100개를 언제든지 할 수 있는 체력이 길러지면 자신감이 넘치게 된다. 사업은 언제 위기가 닥칠지 모른다. 올바른 판단과 결정을 해야 하는 상황에서 사장이 건강하지 않다면 안 될 말이다. 부동산업은 매출이 좋아졌을 때 자칫 흥청거릴 우려가 있다. 정기적으로 자신의 몸무게와 건강을 체크해보자. 건강이 걱정된다면 기본으로 팔굽혀펴기 100개 프로젝트를 실천해보기 바란다.

좋은 인연으로
성공을 끌어들여라

　공인중개업은 자신의 인맥이 성과에 그대로 반영되는 사업이다. 아무리 초보 공인중개사라도 주위에 부자 인맥이 있으면 다른 사람보다 쉽게 계약 기회가 주어질 확률이 높다. 공인중개사가 되었으면 친척, 친구 등 주변 사람에게 전부 알려야 한다. 공인중개사라는 직업의 이미지가 좋지 않다 보니 명함은커녕 아예 알리지 않는 사람이 많다. 공인중개사라는 직업에 자부심이 있다면 적극적으로 알리지 못할 이유가 없다.

　지인들에게 간접적으로 알릴 수 있는 방법으로 페이스북 개설이 있다. 페이스북은 인맥 기반으로 친구를 추천해주므로 자동적으로 지인에게 내가 공인중개사임을 알릴 수가 있다. 페이스북은 SNS 마케팅의 기본이므로 꼭 개설하기 바란다. SNS 마케팅은 부동산업에서 가장 중요한 마케팅으로 자리 잡고 있으므로 철저하게 배운 후 개업해야 한다. 부동산을 매매하거나 임대할 때에는 공인중개사가 반드시 필요하다. 하지만 지인들이 내가 공인중개사인 것을 모른다면 중개 기회를 놓치게 된다. 나를 알고 있는 사람들에게 먼저 내가 공인중개사임을 철저하게 알려라. 중개의 기반은 믿음이다. 나를 알고 있는 사람들은 기본적으로 나에 대한 믿음이 있기 때문에 중개계약이 쉽게 이루어질 수 있다.

개업 초기에 가장 중요한 인맥은 먼저 개업한 공인중개사들이다. 지역마다 공인중개사 모임이 있기 마련이다. 어떤 모임들이 성과가 좋은지 파악하고 성과가 좋은 모임에 가입해야 한다. 공인중개사 모임에 가입하면 그 지역에 관련된 중개팁을 들을 수 있고 좋은 매물도 추천받을 수 있다. 여력이 되면 여러 모임에 가입하는 것을 추천한다.

사람은 10번 이상 만나서 식사를 해야 허물없는 사이가 된다고 한다. 서두르지 말고 선배 공인중개사들에게 천천히 본인의 존재를 알리고 어떤 선배에게 도움을 청해야 할지를 파악하자.

독서포럼에 가입하라

책을 읽으면 열심히 살아야겠다는 절로 든다. 특히 나보다 더 힘든 상황에서 스스로를 단련하며 삶을 최고 수준까지 끌어올린 이들의 성공 스토리를 읽을 때면 마음속이 뜨거워진다.

처음에는 고전이나 인문학보다 자기계발과 휴먼 스토리 중심의 책을 읽는 것이 업무 성과 향상에 좋다. 독서에 어느 정도 내공이 쌓이지 않으면 혼자 읽어나가기가 어렵다. 독서포럼을 찾아 가입해보기를 권한다. 요즘은 독서포럼이 지방권역마다 활성화되어 있다.

독서포럼에 모인 사람들은 기본적으로 배우기를 좋아한다. 그런 분위기는 내게 긍정적인 자극제로 작용한다. 또 모임이 대부분 새벽에 시작하기 때문에 자동적으로 미라클 모닝을 실천할 수 있다. 나는 공인중개사 독서 모임 '독서지향'과 일반인 독서 모임 '나비모임'에 가입했다. 최근에는 내가 리더가 되어 직접 소그룹으로 독서포럼을 진행하고 있다. 같은 책을 읽고 서로 다른 생각들을 나누다 보면 시야가 넓어져서 다양한 시각으로 공인중개사 업무를 바라볼 수 있다.

공인중개업은 단순한 중개가 아니다. 1인 기업이라는 마인드로 철저하게 사업으로 바라봐야 한다. 그런 마인드로 공인중개업을 바라보면 독서로 얻은 지식을 적용할 부분이 보인다. 다른 사업가가 성공 전략을 조금씩 적용해보면 업무 성과가 높아진다.

지역을 기반 모임을 통한 인맥 네트워크는 업무 성과의 기본이다. 일단 가입한 후에는 꾸준함이 중요하다. 성과를 위해서 모임에 나가는 것이 아니라 진심으로 도와줄 일을 찾고 정성을 다해서 인연을 만들겠다는 마음가짐이 선행되어야 한다.

교육을 통해 인연을 만나라

아직 개업 전이라면 부동산 마케팅교육과 SNS 마케팅교육은 필수로 이수해야 한다. 컴퓨터 기본 공부도 필수다. 기본 교육이 마무리되면 전공 공부를 시작해야 한다. 이런 교육을 통해서 만난 사람들도 중요한 인맥이 된다. 그냥 스쳐 지나가는 인연으로 만들지 말고 꾸준히 네트워크를 유지하는 것이 좋다.

토지, 경매, 재건축 등 투자 관련 교육도 들으면서 자신의 전문성을 살려야 한다. 재테크교육을 받는 사람들은 기본적으로 부동산에 관심이 있는 사람들이기 때문에 내가 모르는 좋은 정보를 가지고 있기도 한다. 또한 투자에 대해서 아는 사람은 급매나 좋은 물건을 알아보기 때문에 물건만 좋으면 일반인보다 쉽게 거래가 성사될 수 있다. 교육을 받으러 갈 때 명함을 많이 챙겨가서 사람들과 교류하고 스마트폰에 바로 등록하여 인맥관리를 하자. 요즘은 명함 관련 애플리케이션이 많기 때문에 예전보다는 수월하게 인맥을 관리할 수 있다.

소상공인은 일하기 바빠서 교육을 받기가 어렵다. 하지만 대부분 SNS 마케팅에 지대한 관심을 가지고 있다. SNS 마케팅을 제대로 배워서 소상공인 사장들을 위한 무료 교육을 하는 것도 인맥을 넓히는 방법이다. '상대방이 필요로 하는 것'을 줄 수 있는지 고민하는 것이 좋은 인맥을 만드는 기본이다. 내가 가르칠 수 있는 나만의 콘텐츠가 있다면 적극적으로 교육을 유치해서 스승과 제자의 관계를 만들어보자.

같은 취미를 통해 인연을 만나라

밤에 만나서 술을 마시는 것을 목표로 하는 모임도 많다. 자기를 과시하기 위해서 만나는 모임도 많다. 정치적인 색깔을 띤 모임도 많다. 물론 최종적으로는 자신이 판단해야겠지만 인연을 위한 인연을 만드는 것은 지양하기를 바란다.

회비가 저렴하면서도 자신의 처지에 맞는 모임을 추천한다. 산악는 회비도 저렴하면서 많은 사람을 만날 수 있고 건강도 챙길 수 있어서 좋다. 본인의 특기가 있다면 그와 관련된 모임이 가장 좋다. 나는 통기타 동아리를 만들어서 유지하고 있다. 매주 만나서 같은 취미를 나누다 보면 가족처럼 친해진다. 이런 모임은 아무런 스트레스도 없고 삶의 활력을 주는 동시에 자연스럽게 업무 성과를 내준다.

스스럼없는 사이에는 부탁하기도 쉽고 키맨으로서 더 큰 시너지 효과를 얻을 수도 있다. 모든 인연은 꾸준함과 베푸는 마음이 중요하다. 사람을 처음 만나서 무엇인가를 얻으려고 한다면 본능적으로 거부감을 느낄 것이다. 오랜 기간 서로의 삶을 나누면서 사소한 정을 주고받는 것이 인간관계의 기본이다. 사실 인맥은 단순히 관리만 해서 되는 것이 아니다. 정성을 쏟고 관심을 가져야 한다. 같은 취미를 가진 사람이라면 서로 정성과 관심을 나누기에 덜 부담스럽다.

결국은 나라는 존재도 인연의 결과다. 인연의 소중함을 깊이 묵상해본다면 내가 앞으로 만나는 사람들에게 어떻게 행동해야 할지 알 수 있을 것이다. 특히 처음 만나는 인연은 더 소중히 해야 한다. 주로 만나 지 1~2년 된 사람이 중개계약 기회를 가져다준다. 오래된 인맥은 삶의 뿌리가 되어 전체를 지탱해주고 최근에 만난 사람들은 성과에 보탬이 된다. 이런 이치를 안다면 인연의 소중함에 감사하게 될 것이다.

성공을 부르는 삶의
작은 습관을 실천하라

공인중개사에게 부동산업을 왜 하느냐고 물으면 대부분 '돈을 벌기 위해서'라고 답할 것이다. 비즈니스 종사자는 모두 돈을 벌기 위해 일하므로 틀린 말은 아니다. 하지만 돈을 벌기 위해서 공인중개업을 한다는 생각 때문에 많은 공인중개사가 소송에 휘말리거나 간판을 내렸다. '돈을 벌어주는 존재'로 고객을 대해서 벌어진 일이다. 공인중개사업을 이제 막 시작했다면 고객에 대해 어떤 마음을 가져야 하는지 한번 생각해봐야 한다.

고객을 먼저 생각하라

고객이란 어떤 존재일까? 영업인들에게 있어 고객은 매출을 올려주는 존재다. 모든 사장이 고객을 왕으로 모시려는 이유는 고객이 지갑을 풀어야 돈을 벌기 때문이다. 고객을 너무 상전으로 대해서 갑질 문제가 생기기도 하지만, 사업하는 입장에서 고객은 성공을 쥐고 있는 귀한 사람임은 분명하다.

부동산업에서도 고객들이 계약을 해주지 않는다면 어떠한 매출도 올릴 수 없다. 그런 관점에서 고객을 대하는 것이 맞지 않을까? 고객이 없으면 공인중개업도 없기 때문이다. 그렇다면 내가 돈 버는 일보다 고객이 무엇을 원하는지 먼저 살펴보는 것이 맞을 것이다. 내가 돈을 벌기 위해서 계약을 추진하는 것이 아니라 고객에게 이익이 되는 계약을 위해 최선을 다하는 태도가 필요하다. 고객을 위해서 일하겠다는 마음가짐을 먼저 가슴 깊이 새기자. 그러면 서서히 신뢰할 만한 공인중개사로 기억될 테고 계약은 자동적으로 늘어날 것이다.

며칠 전에 시세보다 5,000만 원 저렴한 토지가 나왔다. 이렇게 급매가 나오면 당연히 친한 투자 고객들에게 먼저 연락을 하게 된다. 그리고 강력하게 매수를 주문하게 된다. 수수료를 받기 위해서가 아니라 고객에게 이익이 되는 일이라고 확신하기 때문이다. 나는 확신이 서면 고객을 다그쳐서라도 계약을 밀어붙이는 편이다. 부동산 거래를 통해서 수수료를 받는 것은 똑같지만 어떤 마음으로 출발하느냐는 결승점을 바꿔놓는다.

기본 매너는 말 그대로 기본이다

공인중개업은 약속을 하고 고객을 만나는 일이다. 사람을 만나서 일을 해결해야 하는 비즈니스다. 사람과의 만남에서 기본은 단정한 옷차림과 약속시간 준수. 두 가지 기본 매너만 지키도 많은 일을 해낼 수 있다.

하지만 조금 오래 일하다 보면 이 기본을 잃어버리게 된다. 콧털은 삐져나오고 구두는 더럽고 수염도 깎지 않고 술에 쩔어서 고객을 만나는 경우가 허다하다. 특히 "갑자기 손님이 사무실로 왔다" 같은 핑계로 약속을 지키지 않는 공인중개사가 많다. 약속을 쉽게 취소해버리는 사람은 결국 신용을 잃게 된다.

고객들과의 약속뿐만 아니라 같이 일하는 다른 사무실의 공인중개사와의 약속도 꼭 준수해야 한다. 특히 자신의 사무실에 없는 매물을 보여 달라고 요청하고서 전화도 없이 안 오는 행동을 해서는 안 된다. 갑자기 다른 고객이 왔다면 전화를 해서 사과를 해야 한다. 이런 기본적인 매너가 없는 사람이 의외로 많다. 본인뿐 아니라 같이 일하는 직원들에게도 기본적인 매너를 철저히 준수하도록 해야 한다.

약속을 어기는 것을 대수롭지 않게 여기는 공인중개사가 많다. 공인중개업은 많은 사람의 다양한 요구를 들어주어야 하고 큰돈이 오가는 일이기 때문에 스트레스가 심하다. 일방적인 약속 취소를 반복하는 사무실과는 거래를 끊을 수밖에 없다. 특히 자신의 사무실에 없는 매물을 다른 공인중개사 사무실에 의뢰하고 혼자서 그 부동산을 보러가는 경우가 많다. 이럴 경우에는 다시 전화를 해서 "고객과 같이 가서 보았는데 조만간에 결정하고 전화를 주겠다"라고 매물 공개에 대한 감사를 전해야 한다. 이런 일이 쌓여야 서로간에 신뢰가 형성된다.

일찍 출근하고 사무실 주위를 청소하자

보통 공인중개사 사무실은 오전 10시에 문을 연다. 근처 공인중개사 사무실보다 먼저 출근하고 늦게 퇴근하는 습관을 들여야 한다. 아침 8시 정도에 출근하면 지나가는 동네 사람들에게 '성실한 사람'이라고 저절로 알리는 효과가 있다. 아침 일찍 출근하는 성실함을 보이면 당연히 신뢰지수가 높아질 것이다. 가끔 아침 일찍 상담을 원하는 고객을 맞이하는 경우도 있다.

저녁에도 마찬가지다. 책을 읽거나 업무를 보면서 근처 공인중개사 사무실보다 문을 늦게 닫자. 그러면 퇴근한 이후에 상담을 원하는 손님을 맞이할 수 있다. 부지런하고 열심히 일하는 사람을 보면 누구나 감동하고 도와주고 싶어진다. 그것이 인지상정이다. 가장 빨리 출근하고 가장 늦게 퇴근한다는 마음 자세를 가지자.

아침에 출근하면 사무실 주변을 살펴보자. 담배꽁초, 전단지 등으로 더러울 것이다. 특히 간판에 거미줄을 그대로 놓아두는 사무실이 태반이다. 업무를 보기 전에는 간판과 사무실 주변을 청소하자. 청소로 좋은 운이 들어올 수 있게 준비하는 것이다. 사업은 상당 부분 운이 작용한다. 고객은 근처 다섯 곳의 사무실 중 어디로 갈지 고민한다. 사무실 주변이 깨끗하면 그 찰나의 순간에 '어쩐지 저 사무실이 믿음이 간다'라는 인상을 줄 수 있다.

나는 사무실 앞을 작은 화단으로 꾸몄다. 사시사철 예쁜 꽃이 피어 있으면 고객의 눈에 띄어서 자연스럽게 방문을 유도할 수 있다. 아주 작은 차이지만 기본을 지키는 행동은 복을 불러오고 운을 끌어당긴다.

나는 운이 좋은 사람이라고 항상 말하자

"아무리 실력이 좋아도 운 좋은 사람 못 당한다"라는 말이 있다. 유독 운이 좋은 사람이 있다. 청약도 당첨되는 사람이 또 당첨되는 경우가 많다. 그런 걸 보면 정말 운이라는 것은 보이지는 않지만 존재하는 듯하다. 운이란 어떤 것일까? 그리고 어떻게 하면 운을 불러들일 수 있을까?

내가 공인중개사 자격증을 1년 만에 합격한 것은 운 좋게 시험이 쉽게 출제되었기 때문이다. 또 내가 세종에서 공인중개사 사무실을 개업한 것도 운 좋게 부동산 업무 경험이 있던 아내를 둔 덕분이다. 지난 3년을 돌아보면 누군가의 도움이 아니었다면 절대 가능하지 않았던 일이 많았다. 운이 좋았던 것이다.

나의 아버지는 "매사에 열심히 하고 욕심을 부리지 말아야 운이 들어온다"라고 밥상머리교육을 했다. 운이 들어오려면 그 운을 받아들일 만큼의 그릇이 되어야 한다는 것이다. 내 실력으로 모든 것을 해내겠다는 교만한 마음을 가져서는 안 된다.

나는 아침 햇살을 마주하고 "좋은 운을 내게 주세요" "나는 운 좋은 사람이다"라고 말한다. 그러면 정말로 굉장한 운이 다가 올 것 같은 기분이 든다. 삶은 예측 불가능하다. 예측 불가능한 삶을 너무 고루하게 대할 필요는 없다. 나 역시 '하루 아침에 돈방석에 앉는' 주인공이 될 수 있으니까 말이다.

부동산업만큼 운이 중요한 사업은 없다. "나는 운이 좋은 사람이다"라고 주문을 걸어보자. 정말 좋은 운이 따라올 것이다. 오늘의 나는 지난 몇 년간 내 선택의 결과다. 이런 작은 선택이 모여서 인생을 만든다. 절대 사소한 결정은 없다. 어떻게 하루를 보낼지, 어떤 사람을 만날지 내가 하는 하나하나의 결정이 운을 불러들일 수 있도록 기본을 지키고 최선을 다하는 삶의 태도로 하루하루를 보내자. 겸손한 마음으로 스스로 행복을 만들어가자.

7장

성공하는 부동산 에이전트로 가는 길

공인중개사 시험
필승 합격 비법

처음 아내에게 공인중개사 자격증 취득을 권유받았을 때 시험을 참으로 쉽게 생각했다. 운전면허 시험보다 조금 어려운 정도려니 여기고 선뜻 해보겠다고 자신있게 대답했다. 지긋지긋한 노가다 생활을 그만둘 수 있겠다며 호기롭게 덤벼들었다. 아내는 내가 합격까지 적어도 2년은 걸릴 것이라고 예상했다고 한다.

공인중개사 시험 준비는 만만치 않았다. 2015년 2월부터 대전 박문각 학원에서 수업을 들으면서 시험을 준비했다. 일주일 수업을 듣다가 도저히 따라가지 못해서 공법 수업시간 도중에 뛰쳐나오고야 말았다. 도대체 무슨 말인지 알아들을 수 없어서 공부를 계속해야 할지 심각하게 고민했다. 다행히 박문각에는 녹화 수업이 있어서 1월에 찍어놓은 수업을 처음부터 다시 들을 수 있었다. 그때부터 나는 오가는 시간까지 아끼기 위해 집에서 수업을 들었다. 1년 동안 일도 안 하면서 시험공부만 하는데 떨어진다면 정말 내 스스로를 용서할 수 없을 것 같았다. 아내에게도 아들에게도 너무 부끄러울 것 같았다. 절실함이 밀려왔다.

우선 어떻게 하면 시험에 합격할 수 있는지 '공부법'부터 공부했다. 모든 객관식 시험은 패턴이 비슷했고 절대평가이기 때문에 자신의 페이스만 잘 조절하면 합격할 수 있다는 것이 요점이었다. 공인중개사시험은 앞으로 합격자를 조정하기 위해서 주관식 문제 또는 상대평가로 전환될 예정이다. 그러면 자격증 취득이 상당히 힘들어질 것이다. 부동산업에 관심이 있다면 상대평가가 적용되기 전에 시험에 응시하는 것이 좋다.

가장 중요한 것은 목표 설정이다. 합격하려면 '모의고사 80점'을 목표로 잡아야 한다. 나는 A4용지에 '민법 80점, 부동산학개론 80점, 중개사법 90점, 공법 60점, 공시법·세법 60점'이라고 적어서 방 전체를 도배했다.

공인중개사시험은 1차와 2차를 하루에 치르기 때문에 둘 다 합격하려면 상당한 양의 공부를 해야 한다. 시험 난이도가 높다기보다는 공부 내용이 너무 방대해서 물리적인 시간을 투자하지 않으면 합격하기가 어렵다.

1차 시험 합격을 위해서는 민법에 몰두해야 한다. 부동산학개론은 시험 난이도를 쉽게 조절할 수 있다. 어렵게 내려면 한없이 어렵게 낼 수 있기 때문에 부동산학개론보다 민법에서 점수를 확실히 얻어야 한다. 민법을 80점 이상 맞는다면 부동산학개론은 편안하게 과락만 넘으면 된다. 부동산학개론을 더 신경 쓰는 수험생들이 있는데 난이도를 높게 조정하면 점수 내기가 어려워진다. 다시 말하지만 1차는 민법에 목숨을 걸어야 합격할 수 있다.

2차는 중개사법에 목숨을 걸어야 한다. 공법, 세법, 공시법 모두 내용도 방대하고 난이도를 쉽게 조절할 수 있는 과목이다. 그러므로 중개사법이 시간 투자 대비 가장 점수를 낼 수 있는 과목이다. 90점 이상을 목표로 몰두해야 한다.

동차 합격을 준비한다면 일단 1차 시험 모의고사가 평균 60점이 넘을 때까지 2차 과목은 수업만 듣고 본격적으로 공부하지 말기를 바란다. 일단 1차 시험이 합격선에 온 이후에 2차를 공부해야 안전하다. 동시에 모든 과목을 공부하다가 1차 시험에 떨어져버리면 2차 시험 공부가 아무런 소용이 없기 때문이다.

요즘은 인터넷 강의가 워낙 잘되어 있어서 인터넷 강의을 선호하지만 가까운 곳에 학원이 있다면 학원에서 강의를 듣는 것도 좋다. 학원 동기와 서로 의지하면서 인터넷 강의와 적절히 밸런스를 유지하면 더 효과적이다. 공인중개업은 인맥이 중요하기 때문에 합격 이후 동기와의 인연이 큰 힘을 발휘한다.

만일 직장을 다니면서 시험에 도전한다면 동차보다는 1년에 1차씩 준비하는 것이 현명하다. 직장을 다니면서 동차를 준비하기는 좀 어렵다. 만일 동차 합격을 생각한다면 1년간 눈 딱 감고 공부에만 매진해야 한다.

공부 순서 9단계

1단계_합격 전략 짜기

객관식 시험에 합격하는 방법을 정확히 알아야 한다. 공인중개사 시험은 합격이 우선이지 깊은 공부를 하는 것이 아니다. 쓸데없이 깊이 파고들어서 시간을 낭비하는 일이 없어야 한다. 객관식 시험은 결국 ○, ×를 구분할 줄 알아야 한다. 읽었을 때 최대한 빨리 ○, ×가 머리에 떠오르도록 예문 패턴을 익혀야 한다. 최규호 변호사의 《불합격을 피하는 법》은 현재 변호사인 저자가 사법시험을 준비하면서 겪은 시행착오로 터득한 노하우를 담은 책이다. 고시 및 공무원 시험을 준비하는 사람에게 도움이 되므로 참고하면 좋다.

2단계_기본서 보기

기본서는 소설처럼 읽지 말고 이해가 안 되면 또다시 읽더라도 완전히 이해해야 한다. 기본서를 이해한 후에 기출문제 풀이에 들어가야 한다. 처음부터 기출문제를 풀면 약간 꼬아서 낸 문제도 틀릴 수 있다.

3단계_기출문제 풀기

기출문제에 나온 부분을 기본서에서 찾아 표시한다. 문제풀기보다 답을 찾아 기본서에 표시하는 것이다. 10~15년 동안 어떤 형태로 시험이 출제되는지 기출문제를 체크하자.

4단계_예상문제집 보기

객관식 문제집을 보면서 모르는 문제를 체크하고 기출문제와 마찬가지로 기본서에 표시한다. 기출문제와 예상문제로 나온 부분은 시험에 꼭 출제되는 내용이므로 더욱 집중해서 공부한다.

5단계_모의고사 풀기

모의고사는 집에서 인터넷으로 풀지 말고 꼭 학원에 가서 실전처럼 풀어야 한다. 모의고사도 기출문제처럼 기본서에 표시한다. 기출문제, 객관식 연습문제, 모의고사를 표시했을 때 자주 나오는 부분은 자연스럽게 암기가 된다.

6단계_표시한 부분 위주로 기본서 다시 외우기

기본서는 끊임없이 반복해서 외워야 한다. 시험 기일이 다가오면 기본서를 요약집이 나오는데 요약집과 표시한 부분을 중심으로 외우기를 반복한다.

7단계_자신감 가지기

막판에 가면 너무 많은 시험정보 때문에 정신이 없다. 기본서, 기출문제, 모의고사만 철저하게 한다. 모의고사에서 80점 이상 나온다면 안정권이라고 확신해도 된다. 학원에서는 시험이 다가오면 특강을 많이 개설하는데, 특별한 경우가 아니라면 특강보다는 기존의 본인 패턴대로 공부하는 것이 좋다.

8단계_시험 2개월 전 실전연습

기상시간, 취침시간, 식사시간까지 시험 당일 패턴으로 맞추는 것이 중요하다. 오전 공부도 시험시간에 맞춰서 공부하고 식사도 점심시간에 맞춰서 먹고 오후 공부도 2차 시험시간에 맞춘다. 생활 패턴을 시험 당일로 맞춰놓으면 시험날 당황할 일이 없다. 특히 장년층은 OMR카드가 익숙지 않아서 실수를 많이 하므로 OMR카드 마킹연습도 따로 해야 한다. 일단 연필로 체크하고 한꺼번에 컴퓨터용 볼펜으로 마킹하는 것이 좋다. 실제로 마킹 실수로 떨어지는 사람이 많다.

9단계_자신감 가지고 시험에 응하기

자신감 있게 시험에 임한다. 공인중개사시험은 결코 쉽지 않다. 그렇다고 너무 어려운 시험도 아니다. 6개월간 공부해서 합격한 사람도 보았고 4년간 불합격한 사람도 보았다. 나 같은 경우는 9개월간 꼬박 공부해서 합격했다. 넉넉하게 1년을 투자한다면 동차 합격은 그렇게 어려운 일이 아니다. 하지만 쉽게 생각하면 떨어지기도 하니 어려운 시험을 준비한다는 마음으로 간절하게 임하자.

부동산업에 몸을 담으려면 자격증은 꼭 필요하다. 부동산업을 시작한 이후에 취득하려면 취득하기가 힘들다. 왜냐하면 돈 버는 맛에 공부하는 시간을 좀처럼 낼 수 없기 때문이다. 그러니 부동산에 입문하려면 먼저 자격증을 취득하는 것이 바람직한 순서다. 자격증이 있어야 고객들도 믿고 의뢰할 것이고 스스로도 전문가로서의 책임감과 자부심을 가질 수 있을 것이다.

중개 사무실은 언제,
어디에 열어야 좋을까?

공인중개사 자격증 30만 개가 장롱 자격증이다. 그만큼 개업하기가 만만치 않다. 시험에 합격하고 가장 큰 고민이 "언제, 어디서, 어떻게, 사무실을 열어야 할까?"이다. 모든 사업이 그렇겠지만, 공인중개사 사무실 역시 개업하는 사람의 경제적인 능력, 경험, 지역에 따라서 사무실 위치가 달라진다. 모범 답안은 없지만 신도시 아파트 단지 내 상가에서 창업한 나의 경험이 약간의 참고는 될 수 있을 것이다.

나는 창업까지 5년이 걸렸다. 5년 전 분양권 당첨이 되면서 부동산 업을 하기로 마음먹고 공부를 시작했기 때문이다. 그렇게 마음먹고 가장 먼저 한 일이 고향을 떠나는 일이었다. 고향에 있으면 종잣돈 모으기가 쉽지 않다. 주변 시선도 있고 챙겨야 할 일도 많기 때문이다. 그리고 교육을 받아야 했다. 특히 서울에서 최고의 부동산 전문가들에게 다양한 교육을 받고난 후에 개업 입지를 찾았다.

우리는 부부가 동시에 부동산업을 준비했기 때문에 시간을 많이 절약할 수 있었다. 나는 종잣돈을 만들었고, 아내는 교육과 실전 경험을 했다. 무엇보다도 우리는 기본적으로 영업이 무엇인지 경험으로 알고 있었다. 업태만 다를 뿐이지 영업의 기본은 비슷하다. 그런 이유로 안정적으로 정착할 수 있었다.

부동산 에이전트로 성공하기 위해서 꼭 10년이 필요한 것은 아니다. 요즘은 많은 정보가 열려 있으므로 창의적으로 영업 방법을 개발한다면 안정적으로 빠른 정착이 가능하다. 성공적인 개업을 원한다면 스스로에게 다음과 같은 질문을 해보자.

성공적인 개업을 위한 자가 테스트

나에게 간절함이 있는가?

부동산 에이전트로 성공하기 위해 필요한 첫 번째 요소는 꼭 성공하겠다는 간절함이다. 경기가 어렵다고 주눅들 필요 없다. '나는 왠지 잘될 것 같다'라는 자신감을 품으면 얼굴 표정이 달라진다.

처음 공인중개사 사무실을 오픈하면 매물도 없고 매수자도 없다. 오로지 발로 뛰어야 한다. 아파트를 돌면서 명함도 돌려야 하고 전단지도 붙여야 하고 선배 공인중개사들과 신경전도 치러야 한다. 다른 방법은 없다. 나도 아파트 자동차에 붙은 전화번호를 확보하기 위해 새벽 3시에 일어나서 인근 아파트를 돌아다니면서 예비 고객을 확보했고 편지는 약 1만 장을 부쳤다. 인근 6개 아파트 단지 등기부등본을 전부 열람해서 확보하고 2,000개 택지 토지대장을 전부 열람해서 주인과 접촉해보려고 노력했다.

이런 모든 일은 간절함이 없으면 할 수 없다. 부동산 에이전트로 성공히기 위해서는 더 이상 물러설 곳이 없다는 간절함을 가지고 개업해야 하는 것이다.

영업을 아는가?

부동산 에이전트는 기본적으로 고객을 응대하는 사업이다. 사람을 상대하려면 영업에 대한 기본 마인드가 있어야 한다. 사무실에 앉아 있으면 되는 시대는 지났다. 매물을 만드는 일, 고객을 찾아오게 하는 일, 모두가 영업에 대한 기본이 되어 있어야 가능하다. 영업에 대한 기본이 없다면 배워야 한다.

영업 관련 책을 5권 이상 읽고 좋은 교육 콘텐츠를 찾아서 배워야 한다. 영업에 대한 기본이 없다면 다음 항목에서 추천하는 실무교육을 개업하기 전에 꼭 받기를 바란다. 배우는 데 돈을 써라. 유료교육을 받는게 좋다. 조금 비싸다고 여겨지는 것이 좋다. 하지만 교육으로 먹고살려는 교육이 많다. 먼저 책을 읽고 맘에 드는 저자의 특강을 통해서 좋은 교육 콘텐츠를 찾아야 한다. 부동산업에 어떻게 적용할지 연구하고 실천해야 한다. 영업에 대한 기본 서적을 부록에 추천하였으니 꼭 읽어보고 영업에 적용하길 바란다.

컴퓨터에 대한 기본은 되어 있는가?

부동산업은 모든 업무를 컴퓨터 기반으로 해야 한다. 더 이상 종이 장부가 필요한 시대가 아니다. 또한 블로그 마케팅, 페이스북, 인스타그램, 에버노트 등 모두 컴퓨터를 기반으로 한다. 아직 블로그, 페이스북, 인스타그램 등을 안 한다면 배워야 한다. 특히 50대 이상이라면 파워포인트, 엑셀, 블로그 마케팅, SNS 마케팅 등 컴퓨터부터 배워야 한다. 부동산 에이전트의 세계는 나이가 많다고 우대해주는 곳이 아니다. 고객들이 나이가 많다고 찾아와주지 않는다. 개업하기 전에 문서 작성, 이미지 편집, 영상 편집 등 컴퓨터로 작업해야 하는 기본 업무를 익혀야 한다. 젊은 공인중개사들이 많아지고 중개는 스마트해지고 있다.

부동산에 대한 기본 지식이나 투자 경험은 있는가?

부동산에 대한 기초 지식이 없거나 투자 경험이 전혀 없다면 책과 교육을 통해서 간접 경험을 가져야 한다. 부동산 투자 카페에도 가입하고 추천하는 투자교육도 들어야 한다. 부동산 에이전트는 중개를 원하는 고객과 투자를 원하는 고객을 동시에 응대해야 하고 응대하는 방식도 달라야 한다. 책과 교육을 통해서 간접적으로 투자자의 마인드를 배우면 중개를 하는 데 많은 도움이 된다.

종잣돈은 있는데 투자 경험이 없다면 소속 공인중개사를 하면서 경험을 쌓기를 바란다. 종잣돈이 있으면 경험 많은 소장과 공동으로 중개와 투자를 병행할 수 있기 때문에 리스크를 줄인 채로 투자의 세계에 들어올 수 있다. 종잣돈이 없고 투자 경험도 없다면 먼저 돈을 모으면서 부동산 실전 지식을 좀더 익히고 투자자들도 만나고 부지런히 공부하면서 개업을 준비해야 한다. 부동산 투자는 한 번 잘못하면 만회하는 데 너무 시간이 걸린다. 그러므로 섣불리 투자의 세계로 들어가지 말고 신중하게 공부하고 종잣돈을 잘 관리하는 것이 중요하다. 부동산에 대한 책과 추천 카페는 부록에 첨부하였으니 참고하기를 바란다.

부동산 중개업에 올인할 마음이 되어 있는가?

부동산 중개업은 살짝 다리만 담그고 성공할 수 있는 업이 아니다. 온몸으로 달려들지 않으면 불가능하다. 모든 일이 그렇지만 부동산 에이전트는 거액의 자금을 투자해야 하기 때문에 리스크를 감당할 수밖에 없어서 스트레스가 상당하다. 이 스트레스를 감당하려면 올인할 수 있는 배짱과 지식이 있어야 한다. 부동산업에 종사하는 수많은 사람과 경쟁하기 위해서는 다른 경쟁자보다 더 배워야 살아남을 수 있다. 남들과 차별화된 서비스를 만들어내야 남들보다 더 수익을 낼 수 있다.

부동산 에이전트는 중개만 하는 것이 아니다. 중개를 하면서 필요한 자금을 융통해주기도 하고 직접 투자도 해야 한다. 그래야 매출을 쉽게 늘릴 수 있다. 중개만 한다고 해도 융통할 자금이 있어야 공격적인 중개를 할 수 있고, 비수기가 오더라도 여유자금이 있어야 버틸 힘이 생긴다. 부동산업은 내 전 재산을 올인해야 하는 때도 온다.

큰 숫자를 따라가자

어차피 가난한 사람들이 한 단계 뛰어 넘으려면 모험을 할 수밖에 없다. 안전하면서 돈이 되는 영역은 돈 많은 사람이 이미 차지하고 있다고 봐야 한다. 세상은 어차피 불공평하다. 이 불공평을 이해하고 받아들여야 한다.

《부의 추월차선》의 저자이면서 경제적으로 자유로운 백만장자 엠제이 드마코는 '천천히 부자되기'에 반대하는 혁신전문가이기도 하다. 그는 어떤 부자도 털어놓은 적 없지만 실제로 그들이 돈을 번 비결인 '부의 추월차선 공식'을 발견했다. 그중 하나가 영향력이다. 유명한 연예인이나 강사에게 높은 비용을 지불해야 하는 것은 바로 그 영향력 때문이다. 적은 횟수로 강력한 영향력을 발휘하거나 작은 영향력을 수백만 번 발휘함으로써 크게 벌 수 있다는 것이다. 영향력이 있는 부자들의 자산을 중개하는 부동산 에이전트도 영향력의 법칙을 발휘하는 사람들과 간접적으로 연결되어 있기 때문에 많은 돈을 벌 수 있다고 한다. 즉 "큰돈은 큰 숫자를 따라 온다"는 것이다.

돌아보면 부동산 에이전트를 하기 전에 거래하는 단위는 많아야 수천만 원 단위가 전부였다. 하지만 부동산 에이전트를 하고 나서는 대부분 억대가 넘어가는 일을 취급한다. 물론 같은 이유로 조그만 실수에도 큰 손실이 날 수 있으므로 모든 일에 신중을 기해야 하고 디테일해야 한다.

큰 숫자를 따라가라는 말은 부동산 에이전트를 하면서 꼭 명심해야 할 말이다. 입지를 선정할 때 부자 동네라고 주눅들지 말고 큰 숫자를 따라가보자. 권리금이 비싼 곳이 매출이 쉽게 일어나는 자리다. 어떤 매물에 대해서 전문가가 될 것인가에 대한 판단을 할 때 큰 숫자를 따라가야 한다. 쉽게 접근할 수 있다는 이유로 아파트 중개만을 전담하려고 해서는 안 된다. 가격이 비싼 상가, 빌딩, 토지에도 도전장을 내밀어야 한다. 큰 숫자를 따라가자. 지름길이 있는데 돌아갈 필요는 없다. 다만 지름길을 알기 위한 노력이 필요할 뿐이다.

부동산 에이전트 성공의 지름길, 교육 정보

나는 책과 교육으로 먼저 공인중개사 업무에 접근했다. 선배 공인중개사도 없었고 지인도 없었기 때문에 책과 교육에 의존하게 되었지만 결과적으로 훌륭한 선택이었다. 공인중개사 사무실이 워낙 많아서 모두 경쟁자이기 때문에 중요한 핵심 영업 비밀은 사실상 공유하기가 어렵다. 스스로 터득하고 알아나갈 수밖에 없다.

공인중개사는 철저한 1인 기업가다. 나는 책과 교육의 힘으로 '공인중개사는 1인 기업가'라고 생각을 전환할 수 있었다. 1인 기업가로 성공하기 위해서는 끊임없는 배움이 필수다. 내가 받았던 교육 중에 개인의 역량을 키워주었던 7가지 교육을 추천한다. 개업하기 전에 수강하면 가장 좋고, 현재 사무실을 운영 중이더라도 꼭 수강해서 본인의 역량을 키우길 바란다.

가장 수익률이 높은 투자는 자기 자신에 대한 투자다. 교육을 받기 전에 책이나 카페를 먼저 방문해서 충분히 공부한 이후에 교육을 받으면 더 효과적이다. 특히 네오비 중개실무교육, 3P 기본교육, 더블 세일즈교육, 성공적인 상가투자 중개와 상가임대실무교육은 개업하기 전에 반드시 듣고 개업하기를 권한다.

네오비 중개실무교육 - 조영준 교수

자격증을 취득하고 개업하기 위해서는 실무교육을 들어야 한다. '한국공인중개사' 협회에서 하는 강의를 비롯해서 서울에서 하는 특강, 온라인 강의 등 실무에 필요하다 싶은 강의를 골라 들었는데 막상 들어봐도 왠지 부족함을 느꼈다. 그렇게 헤매던 중에 네오비 중개실무교육과정을 알게 되었다. 먼저 마음에 든 것은 강의시간이었다. 장장 12주에 걸쳐서 하루 7시간 정도를 꼬박 배운다. 제출하는 과제들이 만만치 않기 때문에 수료하는 데 힘이 든다. 하지만 오히려 이런 과정들을 거치면서 중개업에서 매출 상승을 위한 비밀을 배울 수 있다.

네오비 중개실무교육은 중개업에 꼭 필요한 부분을 체계적으로 잡아주기 때문에 초보 중개사뿐 아니라 경력 20년차 되는 공인중개사까지 모두 도움이 된다. 현장에서 일어나는 온갖 사건을 간접적으로 알 수 있고 직접적으로 조언해줄 선배들을 사귈 수도 있다. 12주간 같이 공부하면서 동지애가 생기고 동지애를 통해서 공동 중개도 많이 하게 된다. 2017년 대전에 있는 매매가 15억 원 상당의 다가구 주택을 공동 중개를 통해서 진행할 수 있었던 것도 이 교육이 아니었으면 불가능했다.

네오비 중개실무교육은 전국적인 네트워크가 되어 있어서 지역을 넘나드는 공동 중개도 가능하고, 최근에는 독서경영을 적용한 '독서지향'을 운영하고 있는데 성과가 상당하다. '독서지향'은 네오비 중개실무교육 수료생들이 2주마다 새벽에 조찬 모임으로 진행하는데 대부분 독서경영을 통해서 영업실적과 삶의 질이 높아지고 있다. 나도 '독서지향'에 참가하면서 책을 출간할 결심을 하게 된다. 홈페이지(www.neo-b.co.kr)에서 더 자세한 사항을 확인할 수 있다.

● 커리큘럼 ●

1. 부동산 중개업 성공의 핵심 요소와 해결방법
2. 고객 네트워크 형성을 위한 효과적인 방법
3. 계약체결을 위한 단계별 클로우징 기법
4. 고객과 신뢰관계로 발전시키는 방법
5. 부동산 중개업소 및 개인브랜드 전략
6. 부동산 중개업소의 인터넷 활용과 사무실OA
7. 네이버 상위 노출과 검색엔진 최적화
8. 유튜브를 활용한 동영상 촬영 및 편집 노하우(신설)
9. C-RANK 최적화된 블로그 마케팅
10. 부동산 중개업소에 고객을 끊이지 않도록 하는 비법
11. 확실한 성과를 보장하는 DM 노하우
12. 부동산 중개를 사업으로! 중장기 수입 플랜 개발방법

3P 기본교육 - 강규형 대표

《성공을 바인딩하라》저자 강규형 대표가 운영하는 3P교육이다. 노란우산공제사업을 할 때부터 3P교육에 대해 관심은 있었지만 거리가 멀어서 수강을 포기했었다. 강규형 대표의 3P교육은 삶의 사명과 꿈을 심어주는 교육이다. 말로만 끝나는 것이 아니라 바인더라는 도구를 통해서 시간과 성과를 관리할 수 있게 해준다. 이 강의는 중개업뿐만 아니라 자신의 인생을 처음부터 다시 바라볼 수 있는 기회를 제공한다.

기본 과정, 코치 과정, 마스터 과정 단계별로 구성되어 있다. 먼저 기본 교육을 받고 더 깊이 배우고 싶으면 코치 과정과 마스터 과정을 이수하자.

3P 중 첫 번째는 '적자생존'이다. 적는 자가 살아남는다는 말이다. 종이 위에 쓰면 기적이 일어난다. 즉 목표관리의 핵심은 종이에 기록하는 데 있다. 인생 목표, 연간 목표, 월간 목표, 주간 목표, 일일 목표를 기록하면 쉽게 관리하고 평가할 수 있다. 이런 세부적인 관리를 통해서 자연스럽게 성과를 만들어내는 것이다.

지금 내가 책을 쓰고 있는 이유도 2018년 목표를 적고 관리했기 때문에 가능한 일이다. 만일 종이에 적지 않았다면 잊어버렸거나 책 쓰기를 위해 노력하지 않았을 것이다. 이처럼 바인더라는 도구를 통해서 매일 여러 분야의 목표를 설정하고 노력하게 되니 자연적으로 균형 있는 삶을 살 수 있게 된다.

3P 중 두 번째는 시간관리다. 하루는 누구에게나 24시간이다. 주어

진 시간을 효율적으로 관리해야 한다. 시간을 관리한다는 말은 묶음시간을 확보하기 위해서 쓸데없이 버려지는 시간을 없애는 것을 말한다. 하루를 새벽시간, 오전시간, 점심시간, 오후시간, 퇴근 후 시간으로 구분해서 각각의 공정에 비효율적인 요소가 없나 돌아보고 계속 수정해나가면서 하루의 효율성을 높이는 것이다.

3P 중 세 번째는 독서경영이다. 3P교육을 받게 되면 자연적으로 책과 친해지게 된다. 책을 통해서 깨달은 것을 하나씩 실천하다 보면 어느새 자기경영이 이루어진다. 간단하게 커리큘럼을 소개한다면 다음과 같다. 홈페이지(www.3Pbinder.co.kr)에서 더 자세한 내용을 확인할 수 있다.

● 커리큘럼 ●

1. 시간관리
2. 기록관리
3. 목표관리
4. 지식관리
5. 업무관리
6. 독서관리

더블 세일즈교육 - 조환성 대표

세일즈 경험이 전혀 없이 부동산 중개를 시작하는 사람에게 추천하는 교육이다. 특히 이 교육은 공인중개사 업무의 관점만이 아닌 '1인 기업가'로서 세일즈, 마케팅, 고객을 위한 차별화된 서비스가 무엇인지 배울 수 있다.

저자 조환성 대표는 온라인 마케팅부터 오프라인 마케팅까지 통합적인 전략과 스킬을 알려줄 수 있는 전문가이다. 실제 수많은 경험과 내공이 있어서 그가 알려준 세일즈 기술, 고객관리 비법, 창의적인 고객 발굴 노하우 등은 동료에게 알려주기 싫을 만큼 유용했다. 자세한 사항은 홈페이지(www.onoffshake.com)와 조환성의 저서 《더블 세일즈》를 통해서 확인하길 바란다.

● **커리큘럼** ●

1. 세일즈 트렌드와 나만이 성공 전략
2. 세일즈, 이미지가 기회다.
3. 세일즈, 마인드에 시작하라.
4. 세일즈맨의 핵심역량 진단과 개선
5. 세일즈는 목표다
6. 성과가 만들어지는 성공시스템, 세일즈 프로세스
7. 창의적 고객발굴과 기계적 고객관리 시스템
8. 세일즈 커뮤니케이션 스킬
9. 가장 빨리 성과를 만드는 세일즈 클로징
10. 고객도 모르는 고객심리학
11. 세일즈맨의 시간관리

성공적인 상가투자 중개와 상가임대실무 - 최원철 교수

상가 중개는 굉장히 신중하게 접근해야 한다. 특히 신도시 상가인 경우, 분양 직원의 말만 맹신하고 고객을 연결했다가 평생토록 원망을 들을 수도 있는 것이 상가 중개다. 상가는 굉장히 여러 가지 요소가 복합적으로 작용해서 활성화된다. 상가를 매수해서 인테리어를 하고 장사를 할 경우에는 특히 더 신중해야 한다. 만일 상가를 활성화시키지 못할 경우에는 수억 원의 손해를 보기 때문이다.

상가 중개를 하기 전에 《상가투자의 보물찾기》의 저자이면서 수많은 실전 투자를 병행하고 있는 최원철 교수의 교육을 듣고 상가에 대해 전반적으로 이해해야 한다.

상가 중개는 수수료가 크지만 그만큼 중개 사고의 위험도 많다. 특히 상가투자를 하려는 사람은 일반인 부동산 고수가 많다. 이런 고객들을 상대로 중개하기 위해서는 상권에 대한 인식과 동선에 대한 이해가 절대적이다. 또한 상가에 적용되는 부가가치세에 대한 이해는 필수다. 자세한 사항은 최원철 교수의 상가 SOS 카페(cafe.naver.com/sanggasos)에서 확인할 수 있다.

┌─── ● 커리큘럼 ● ───
│
│ 1. 상가투자와 분양을 위한 상권종류와 상분석
│ 2. 상권단절 요인과 상권형성 요인들
│ 3. 건축법과 임대 업종 가능
│ 4. 위반건축물, 주차장법 해설, 다중이용업소법 해설
│ 5. 학원 설립법 해설, 학교보건법 해설, 하수도법
│ 6. 부가가치세
│ 7. 상가건물임대차보호법
└

부자로 잘사는 농지투자법 - 윤세영 교수

토지 중개를 위해서는 토지와 관련된 여러 가지 제한 사항을 잘 알아야 한다. 특히 농지는 자경원칙이 있어서 농민이 되어야 여러 가지 혜택을 받을 수 있다. 농지를 매수해서 투자를 하든지 귀농을 하는 분에게 농지 중개를 하든지 간에 농지중개를 위한 모든 노하우를 배울 수 있는 교육이다. 《농지투자 OK》의 저자이면서 30년간 농업직 공무원을 거쳤고 농지전문 공인중개사로 살아오면서 저자가 경험한 생생한 현장을 배울 수 있다. 토지투자와 중개를 원하는 사람은 꼭 수강하길 바란다. 자세한 사항은 다 같이 부자되기 카페(http://cafe.naver.com/dabujadl)를 통해서 확인하면 된다.

> **● 커리큘럼 ●**
>
> 1. 농지투자의 정석 : 구입에서 처분까지
> 2. 농지 취득 후에 할 일 : 농지원부, 농업 경영체 등록방법, 농업인 투자법, 조합원 투자법
> 3. 농지의 보유, 관리, 전용과 농지의 처분 전략
> 4. 농지투자 전략
> 5. 농지연금
> 6. 역세권 개발 지역투자와 용도지역별 농지투자법
> 7. 유형별 농지투자별 사례

JD부자연구소 투자법 - 조던 김장섭

실전 투자가이자 《대한민국 부동산의 미래》의 저자 조던 김장섭의 투자 강의다. 실전 투자가로서 빌라, 재건축, 지방투자, 분양권, 갭투자, 토지투자, 주식투자 등 다양한 분야에서 데이터 중심으로 투자하는 투자 고수다.

이 강의를 통해서 투자자의 마인드를 알 수 있고 투자처를 선별하는 방법을 배울 수 있다. 무엇보다 투자자의 시선으로 세상을 바라보는 통찰력을 키울 수 있다. 자세한 내용은 JD 부자연구소 투자법 카페(http://cafe.daum.net/jordan777)에서 확인할 수 있다.

• 커리큘럼 •

1. 오래 사는 노후 어떻게 준비할 것인가?
2. 최악의 시나리오
3. 서울은 최상이나 지방은 최악인 시나리오
4. 최상의 시나리오
5. 결론: 세 가지 시나리오에도 살아남을 교집합 부동산 투자 법
6. 부동산 투자법
7. 채권투자법
8. 주식투자법(4차 산업혁명의 의미와 향후 10년간 투자)
9. 부동산 매매사업자와 임대사업자를 이용한 세금 절세법
10. 집수리와 세입자 관리방법

사장학 강의 - 김승호 대표

《생각의 비밀》의 저자 김승호 대표의 강의다. 내 삶의 터닝 포인트는 사장학 강의를 만나기 전과 후로 나뉜다고 말할 수 있을 만큼 강력한 메시지가 있는 교육이다. 분기마다 1년에 네 차례 계획되어 있다.

장사꾼이 아닌 사업가로 성장하기 위한 마인드를 어떻게 가져야 할 것인지, 1인 기업가로서 더 성장하기 위해서는 꼭 필요한 강의다. 사장이라는 직업은 배울 만한 데가 없다. 사장이라는 직업 자체가 스스로 배워야만 하는 외로운 직업이다. 이 외로움을 사장들끼리 공유하고 도울 수 있는 공간을 마련해주는 강의다.

1인 사장에서부터 수백 명의 직원을 거느린 사장들까지 모든 것을 내려놓고 김승호 대표의 가르침을 경청한다. 7번 실패하고 단 한 번의 성공을 통해서 이루어낸 성공의 비밀을 나눈다. 김승호 대표는 사장학 강의를 통해 교육생들이 선한 사장이 되어 돈을 많이 벌고, 그 돈으로 행복한 직원을 많이 만들기를 바란다고 했다. 직원들이 행복해질 때 세상은 천국이 될 수 있다고 믿기 때문이다.

그가 가장 강조하는 것은 생각의 힘이다. 결국 우리는 생각의 소산이기 때문이다. 공인중개업을 하다 보면 만나는 사람이 대부분 같은 업종이라서 시각이 편중될 수 있다. 이런 위험을 다양한 직업군의 사장들을 통해서 자극도 받고, 이미 성공한 사장들을 보면서 강력한 동기부여도 얻을 수 있다. 더 자세한 사항은 사장학 홈페이지(http://www.kca1000.com)에서 확인할 수 있다.

• 커리큘럼 •

1. 장사를 할 것인가? 사업을 할 것인가?

2. 목표를 이루는 4가지 기법

3. 강자를 이기는 약자의 전법

4. 창업 공신과 가족직원 관리법

5. 사업이 망해갈 때 징조들

6. 나는 돈을 얼마나 벌 수 있는가?

7. 나는 사장감인가?

8. 나는 왜 사업가가 되어야 하는가?

9. 실전 사업 전략 및 전술기법

10. 동업하는 방식

11. 거래에서 이기는 법

12. 완전히 실패했을 때 일어나는 법

13. 생각의 힘, 생각의 비밀

14. 경쟁자를 정리할 것인가? 함께할 것인가?

15. 돈의 속성

16. 나는 사업가로서 어떻게 살아가야 하는가?

부동산 에이전트가 된 후에도 공부는 계속된다

어떤 분야든지 이론보다 실전이 훨씬 더 어렵다. 공인중개사 자격증을 취득하면 이제부터 시작이다. 실전을 배우기 위해서 교육과 독서에 투자해야 한다. 1년간 소속 공인중개사로 일하거나 분양을 하면서 부동산업을 경험하는 동시에 공인중개사 자격증을 준비하듯이 교육과 독서를 시작해야 한다. 소속 공인중개사를 거치지 않고 개업한 경우에 많은 시행착오를 거치긴 하지만 일을 빨리 배울 수 있는 장점도 있다. 소속 공인중개사 시절은 최대한 짧게 경험하는 것이 좋다. 1년 안에 개업하고 3년 안에 연봉 1억 원을 달성하기 위한 포인트는 교육, 독서, 실행력에 있다. 부동산 에이전트라면 알아야 할 필수 웹사이트와 애플리케이션 정보도 같이 수록하였다.

부동산 에이전트가 개업 전에 읽어야 할 책 목록

부동산 입문 서적

아직 부동산 투자나 중개 경험이 없다면 책을 통해서 간접 경험을
충분히 해야 한다. 책을 먼저 읽고 끌리는 저자의 카페나 홈페이지에
서 강의 정보를 확인해 들어보면 좋다. 특히 입문서는 고객에게 정보
전달하기에도 좋으므로 포스팅하면서 블로그를 키우기에도 좋다. 주
기적으로 서점에 들러 최근 부동산 트렌드를 알려주는 책을 읽고 포
스팅하면 고객에게 정보도 전달하면서 스스로 공부도 할 수 있어서
매우 유용하다. 최근에 출판된 현업 공인중개사가 쓴 책들도 현장 분
위기를 파악하는 데 도움이 되니 최근 서적은 꼭 읽어보길 바란다.

	제목	저자	출판사
1	《부동산 생활백서》(전3권)	닥터아파트리치연구소	위너스북
2	《7일 만에 끝내는 부동산 지식》	김인만	메이트북스
3	《단숨에 읽는 부동산 시장 독법》	최진기	iZ
4	《35세 인서울 청약의 법칙》	월용이	매일경제신문사
5	《아파트 제대로 고르는 법》	심형석, 김건중	한국경제신문사
6	《대한민국 부동산 투자를 지배하는 100가지 법칙》	박상언	SB
7	《3시간 공부하고 30년 써먹는 부동산 시장 분석기법》	구만수	한국경제신문사
8	《돈 버는 공인중개사는 따로 있다》	신현석	매일경제신문사
9	《상위 1% 공인중개사 영업비밀》	정미애	라온북
10	《연봉만큼 더 버는 부동산 투자》	양은정	한국경제신문사

경제 일반 서적

부동산 경기는 금융과 밀접하게 연결되어 있기 때문에 경기 전반에 대한 전체적인 이해가 필수다. 자본주의에 대한 이해와 함께 경기를 올바르게 바라볼 수 있는 눈을 키우기 위해서 경제 서적을 꾸준히 읽고 자신만의 인사이트를 키워야 한다. 아래 서적을 일단 참고하고 경제신문과 경제서적을 꾸준히 읽으면서 부동산과 경기에 대한 이해를 높여야 한다. 자본주의와 자본주의 사용설명서를 먼저 읽고 특히 EBS 다큐는 꼭 시청하길 바란다.

	제목	저자	출판사
1	《자본주의》 《자본주의 사용 설명서》	EBS자본주의제작팀	가나출판사
2	《최진기의 생존경제》	최진기	북섬
3	《2018 경제기사로 푸는 직장인 재테크 가이드 북》	이호룡	북랩
4	《경제기사 궁금증 300문 300답》	곽해선	혜다
5	《3년 후 부의 흐름이 보이는 경제지표 정독법》	김영익	한스미디어

부동산 투자 서적

부동산 투자 서적은 다양한 저자의 투자방법을 간접적으로 알 수 있다. 투자라는 것은 개인의 투자 성향이나 재정 상태에 따라서 달라질 수밖에 없다. 저자의 경험을 맹신하지는 말고 간접적으로 이런 종류의 투자도 있다는 것을 알아가는 데 포인트를 두고 읽어나가면 된다. 책을 읽으면서 더 자세한 내용은 홈페이지나 공개강좌를 통해서 알아가길 바란다. 순서에 상관없이 맘에 끌리는 제목부터 읽어도 된다. 신간 목록도 살펴보길 바란다.

	제목	저자	출판사
1	《대한민국 부동산의 미래》	김장섭	트러스트북스
2	《4차 산업혁명 시대 투자의 미래》	김장섭	트러스트북스
3	《부동산 투자의 정석》	김원철	알키
4	《꼬마빌딩 재테크》	임동권	매일경제신문사
5	《아들 셋 엄마의 돈 되는 독서》	김유라	차이정원
6	《오르는 부동산의 법칙》	조현철	매일경제신문사
7	《부동산의 보이지 않는 진실》	이재범, 김영기	프레너미
8	《나는 아파트형공장투자로 100억대 자산가가 되었다》	도정국, 엄진성	원앤원북스
9	《나는 부동산으로 아이 학비 번다》	이주현	알키
10	《아기곰의 재테크 불변의 법칙》	아기곰	아라크네
11	《돈이 없을수록 서울의 아파트를 사라》	김민규	위즈덤하우스
12	《소형 아파트 빌라 투자 앞으로 3년이 기회다》	이종길	끌리는책
13	《대한민국 부동산 투자》	김학렬	알에이치코리아
14	《쏘쿨의 수도권 꼬마 아파트》	쏘쿨	국일증권경제연구소
15	《부자는 내가 정한다》	김정은	리즈앤북
16	《한국의 신흥 부자들》	홍지안	트러스트북스

계약서 작성 관련 서적

계약서 작성은 케이스별로 조금씩 다르긴 하지만 계약서 쓰기 전에 미리 참고하면 좋은 견본 양식이 있으면 편하다. 다음 추천도서는 구입해서 구비해두자. 공인중개사 자격증 공부하듯이 볼 필요는 없고 스윽 읽어보고 필요할 때 찾아서 참고하면 된다. 양도세에 대한 기본적인 지식은 가지고 있어야 하기 때문에 한두 번 읽고 간직하고 있다가 필요할 때 꺼내서 보면 유용하다.

	제목	저자	출판사
1	《박성현의 계약서 작성법과 특약실무》	박성현	새롬에듀
2	《투에이스의 부동산 절세의 기술》 (전2권)	김동우	지혜로
3	《손에 잡히는 부동산 대출》	최의범	네오비북스
4	《계약서 작성의 비밀》	김동희	채움과사람들
5	《부동산계약서 이렇게 작성하라》	김종언	랜드프로

마케팅 서적

가장 중요한 것은 브랜드다. 브랜딩이 되어버렸다면 마케팅과 세일즈가 쉬워진다. 하지만 처음 시작하는 부동산 에이전트는 세일즈와 마케팅부터 배워야 한다. 수많은 경쟁자 중에서, 인근 십여 명의 경쟁자 중에서 자신을 선택하도록 만들어야 한다. 마케팅 서적과 세일즈 서적을 통해 이론을 익히고 추천해준 실무교육까지 꼭 받아서 현장에서 꼭 적용하길 바란다.

	제목	저자	출판사
1	《카네기 인간관계론》	데일 카네기	씨앗을뿌리는사람들
2	《더블 세일즈》	조환성	비즈토크북
3	《누구에게나 최고의 하루가 있다》	조 지라드	다산북스
4	《실패에서 성공으로》	프랭크 베트거	씨앗을뿌리는사람
5	《설득의 심리학》	로버트 치알디니	21세기북스
6	《마케팅 불변의 법칙》	알리스,잭트라우트	비즈니스맵
7	《클로징》	지그 지글러	산수야
8	《세일즈 슈퍼스타》	브라이언 트레이시	씨앗을뿌리는사람
9	《변하는 것과 변하지 않는 것》	강민호	턴어라운드
10	《판매의 심리학》	브라이언 트레이시	비즈니스맵
11	《어떻게 원하는 것을 얻는가》	스튜어트 다이아몬드	8.0
12	《프레임》	최인철	21세기북스
13	《페이스북 인스타그램 통합마케팅》	최규문, 임헌수	오코노미북스
14	《네이버 마케팅 트렌드》	오종현	e비지니스북

토지투자 서적

토지투자 서적은 굉장히 두껍고 어렵다. 주로 부동산공법이 주를 이룬다. 하지만 토지 중개를 위해서 기본 지식을 익혀야 한다. 국가법령정보센터에서 필요한 법령을 찾을 수 있도록 연습하고 특히 조례와 시행령을 확인하는 연습이 필요하다. 토지 중개시 유의해야 할 사항과 토지투자는 어떻게 하는지에 대한 간접적인 이해를 하면 된다.

	제목	저자	출판사
1	《난생처음 토지 투자》	이라희	라온북
2	《부동산실무자를 위한 부동산 공법 무작정 따라하기》	남우현	길벗
3	《명품 토지 중개 실무 》	이주왕, 유영선	매일경제신문사
4	《지적도의 비밀》	전종철, 박범진	고려원북스
5	《역세권 땅투자 아직도 땅이다》	동은주, 정원표	지상사
6	《농지투자 OK》	윤세영	생각나눔
7	《아무도 알려주지 않는 실전 농지·산지 투자방법》	윤세영	올넷에듀
8	《한국의 1,000원짜리 땅부자들》	김장섭, 윤세영	트러스트북스
9	《대박땅꾼 전은규의 집 없어도 땅은 사라》	전은규	국일증권경제연구소
10	《1년 평생 연봉 나는 토지투자로 받는다》	김용남	지혜로
11	《1년 안에 되파는 토지투자의 기술》	김용남	지혜로
12	《토지투자 부동산 공법》	전종철, 이상길, 이제문	고려원북스

상가투자 서적

상가투자에 대한 기본적인 감을 잡아주는 책이다.

	제목	저자	출판사
1	《나는 집 대신 상가에 투자한다》	옥탑방보보스	베리북
2	《10년 안에 꼬마빌딩 한 채 갖기》	임동권	매일경제신문사
3	《월세 받는 부동산 제대로 고르는 법》	심형석, 김건중	한국경제신문사
4	《명품 상가 중개실무》	최원철	매일경제신문사

건강 서적

부동산 에이전트로 성공하기 위해서 가장 중요한 것 중에 하나가 건강이다. 책을 통해 먼저 몸과 정신건강을 챙기자.

	제목	저자	출판사
1	《다이어트 불변의 법칙》	하비 다이아몬드	사이몬북스
2	《불로장생 탑 시크릿》	신야 히로미	맥스미디어
3	《만성피로 극복 프로젝트》	이동환	대림북스
4	《절제의 성공학》	미즈노 남보쿠	바람

휴먼 스토리 서적

철저히 실패하고 밑바닥에서 다시 일어선 휴먼 스토리를 통해서 '나도 할 수 있다'는 자신감을 심어주는 책이다. 앞서간 사람의 성공을 간접 경험하고 지금보다 더 큰 꿈을 품어보자.

	제목	저자	출판사
1	《생각의 비밀》	김승호	쌤앤파커스
2	《육일약국 갑시다》	김성오	21세기북스
3	《10미터만 더 뛰어봐!》	김영식	21세기북스
4	《가슴 뛰는 삶》	강헌구	쌤앤파커스
5	《간절함이 답이다》	윤태익	살림Biz
6	《작은 가게 성공 매뉴얼》	조성민	라온북
7	《불광불급: 미치려면 미쳐라》	이윤환	라온북

자기계발 서적

다음은 독서 고수가 읽고 추천해준 책 중에서 내가 직접 읽고 좋았던 책을 다시 선별한 목록이다. 수록 순서와 관계없이 제목이 마음에 들거나 끌리는 책을 먼저 읽으면 된다. 책을 읽고 행동이 변하지 않는다면 읽지 않은 것과 마찬가지다. 책을 읽고 그 내용 중 감동받은 부분을 행동으로 옮길 때 삶의 변화가 일어난다. 책을 통해서 삶의 진정한 변화를 얻기를 바란다. 그리고 저자를 만나러 가라. 당신의 삶을 가장 빠르게 변화시키는 **방법이다.**

	책제목	저자	출판사
1	《알면서 알지 못하는 것들》	김승호	스노우폭스북스
2	《미라클 모닝》	할 엘로드	한빛비즈
3	《여덟 단어》	박웅현	북하우스
4	《성과를 지배하는 바인더의 힘》	강규형	스타리치북스
5	《80/20법칙》	리처드 코치	21세기북스
6	《부의 추월차선》	엠제이 드마코	토트
7	《성과를 향한 도전》	피터 드러커	간디서원
8	《무엇이 당신을 만드는가》	이재규	위즈덤하우스
9	《와칭》	김상운	정신세계사
10	《놓치고 싶지 않은 나의 꿈 나의 인생》 (전3권)	나폴레온 힐	국일미디어
11	《심연》	배철현	21세기북스
12	《수련》	배철현	21세기북스
13	《사장의 일》	하마구치 다카노리	쌤앤파커스

14	《일본전산 이야기》	김성호	쌤앤파커스
15	《디테일의 힘》	왕중추	올림
16	《레버리지》	롭 무어	다산북스
17	《리딩으로 리드하라》	이지성	차이정원
18	《책 잘 읽는 방법》	김봉진	북스톤
19	《독서 천재가 된 홍팀장》	강규형	다산라이프
20	《타이탄의 도구들》	팀 페리스	토네이도
21	《드림리스트》	짐 론	프롬북스
22	《돈보다 운을 벌어라》	김승호	쌤앤파커스
23	《작은 가게가 돈 버는 기술》	가야노 가쓰미	리더스북
24	《자기경영 노트》	김승호	황금사자
25	《간절함이 답이다》	윤태익	살림Biz
26	《그대 스스로를 고용하라》	구본형	김영사
27	《시골의사박경철의 자기혁명》	박경철	리더스북
28	《내가 상상하면 꿈이 현실이 된다》	김새해	미래지식

공인중개사가 알아야 할 필수 웹사이트

부동산 에이전트는 이미 제공된 정보를 수집하고 편집해서 고객들에게 알기 쉽게 제공해줘야 한다. 아래 사이트를 방문해보면서 스스로 정보를 편집해보고 중요한 내용은 고객에게 블로그 포스팅을 통해 알려주면 좋다.

한국공인중개사협회(http://www.kar.or.kr)

한국공인중개사협회에서 운영하는 홈페이지로 중개 사고 상담, 공제 관련 업무, 부동산 각종 서식 다운로드, 실무교육 등 공인중개사에 대한 업무를 안내하는 사이트다.

알마스터연구소(http://www.rmaster.kr)

알마스터는 고객관리프로그램을 제공하는 회사다. 한 번 전화온 고객과의 상담 내용을 적고 직원 모두가 공유할 수 있는 시스템을 갖출 수 있어서 유용하다.

부동산소유자정보(http://www.krdb.co.kr)

DM 마케팅시에 필요한 소유자 주소 자료를 엑셀로 데이터화해서 대행해주는 서비스를 제공하는 사이트다. DM대행도 가능하고 최근에 소유주가 변동된 자료도 제공받을 수 있다.

국토교통부통계누리(stat.molit.go.kr)

통계누리 홈페이지에서는 부동산과 관련 된 각종 통계를 살펴볼 수 있다. 이런 자료들은 블로그 포스팅 자료로 활용이 가능하다. 특히 경기순환시계를 통해서 향후 경기 변동을 예측할 수 있어서 투자자들이라면 자주 방문해야 할 사이트다.

일사편리(kras.go.kr:444)

부동산과 관련된 공적인 장부를 한꺼번에 보여주는 사이트다.

KOSIS국가통계포털(htttp//kosis.kr)

블로그 포스팅시 참고해야 할 각종 통계를 찾을 수 있다.

민원 24(http://www.minwon.go.kr)

건축물대장 지적도 임야도 등을 무료로 출력할 수 있다. 특히 주민등록증 진위확인시 유용하므로 회원가입하고 공인인증서를 등록하여 공적장부 출력을 실습해보자.

e-운전면허 도로교통공단(https://dls.koroad.or.kr)

계약시 운전면허증을 가져온 매도자의 진정한 소유자 확인을 위해서 운전면허증 진위확인시 필요한 사이트다. 진위확인 관련 출력 연습을 해보자.

인터넷등기소(https://iros.go.kr)

계약 진행 전후에 권리사항 등을 파악하기 위해서 등기사항 전부증명서 발급하는 사이트다. 계약 전, 잔금 전에 출력하여 고객들에게 자료를 확인시켜준다. 출력 연습을 해보자.

국토교통부 실거래가 공개시스템(http://rt.molit.go.kr)

주택,아파트 실거래 가격 자료를 자세히 볼 수 있는 사이트로 월별 아파트 거래량 등 통계를 고객들에게 알려주고 포스팅으로 활용할 수 있다.

한국감정원(http://www.kab.co.kr)

부동산 관련 통계를 열람할 수 있다.

국세청 홈택스(https://www.hometax.go.kr)

전자세금계산서발행, 종합소득세신고 특히 양도소득세를 기본적으로 자동 계산해주기 때문에 부동산 매매시 기본양식으로 제공해줄 때 필요하다.

토지이용규제정보서비스(http://luris.molit.go.kr)

토지 거래시 용도지역 등 공법적인 규제사항을 알 수 있어서 토지 임장시 출력하여 지참한다. 토지에 대한 공고와 고시도 열람할 수 있다. 특히 도시계획정보가 나와 있어서 도시계획시설을 예상할 수 있다. 지역별 고시도면 열람이 가능하다.

한국임업진흥원필지별분석시스템(http://gis.kofpi.or.kr/gis/map/main.do?systype=1)

토지 중개시 임야의 경사도 등을 미리 확인할 수 있어서 편리하다.

법제처 국가법령정보센터(http://www.law.go.kr)

용도지역별 건폐율·용적률 등 토지에 대한 법적인 제한을 찾을 때 확인해야 한다.

자치법규정보시스템(http://www.elis.go.kr)

자치법규에서는 시·도 조례를 확인할 수 있다. 용도지역별 건폐율이나 용적률을 확인할 때 시도 조례까지 확인해야 한다.

공인중개사가 알아야 할 필수 애플리케이션

부동산 에이전트로서 익숙해야 할 애플리케이션을 모아보았다. 애플리케이션은 앞으로도 유용하고 다양하게 개발될 것이다. 부동산거래에 필요한 앱을 미리 다운받아서 사용법을 숙지하자.

- **한방부동산**: 한국공인중개사협회 모바일 부동산 앱
- **부동산계산기**: 취등록세, 양도세를 간편하게 계산해주는 앱
- **네이버부동산**: 고객들이 가장 많이 보는 아파트 물건 앱
- **실거래가**: 각종 부동산 실거래 가격을 제공해주는 앱
- **아파트실거래가**: 아파트 실거래가뿐만 아니라 입주물량 등의 분석에 유용한 앱
- **국토정보**: 임장시 지적도와 현황 파악에 유용한 앱
- **밸류맵**: 토지 임장시 목적물과 가까운 토지의 최근 거래 가격을 표시해주는 앱
- **비디오쇼**: 동영상 촬영과 편집에 융용한 앱
- **글그램**: 사진 편집시 유용한 앱
- **캠스캐너**: 명함, 자료 등 스캔시 유용한 앱
- **네이버클라우드**: 사진 및 동영상 보관

- **네이버캘린더**: 개인 일정관리

- **구글캘린더**: 고객 계약관리

- **다음지도**: 지도 제공

- **페이스북**: SNS 마케팅 활용 앱

- **인스타그램**: SNS 마케팅 활용 앱

- **네이버블로그**: SNS 마케팅 활용 앱

- **네이버카페**: 카페관리 앱

- **다음카페**: 카페관리 앱

- **네이버톡톡**: 고객관리에 유용한 앱

- **에버노트**: 각종 기록을 보관하기 용이한 앱

- **드랍박스**: 사무실 컴퓨터 자료를 모바일로 공유 가능한 앱

'실행력' 있는
부동산 에이전트가 돼라

막연히 책을 쓰겠다고 생각한 것은 공병호 박사를 멘토로 삼았던 10년쯤 전부터였다. 3년 안에 1억 원을 초과 달성한 후에 내 경험에 대해 책을 쓰자는 목표가 이제야 구체적인 행동으로 나타난 것이다. 어떻게 하면 고객이 찾아오는 공인중개사 사무실을 만들 수 있을까? 이에 대한 답을 이 책에서 찾을 수 있었기를 바란다.

오늘은 바인더를 살펴보다가 '30평 강연장과 콘서트장 보유'라는 기록을 보았다. 가장 좋아하는 음악도 하고 강연도 할 수 있는 공간을 가졌으면 하는 바람으로 2018년 1월에 적은 것이다. 그런데 놀랍게도 그 일이 이루어졌다. 코끼리부동산 부설연구소로 2018년 8월경에 '100번 쓰기 성공연구소와 소공연장 카이로스'를 개업했다. 몇 년 전만 해도 공실이던 공간은 '노타치' 회원들의 기타 연습과 공연을 하는 곳, 재테크교육과 저자특강 및 독서포럼이 열리는 곳이 되었다.

이 책을 집필하면서 정말 나를 행복하게 만들어준 것이 무엇인지 돌아보게 되었다. 부동산 에이전트가 되어 성공을 꿈꾸는 것도 결국은 행복한 삶을 위한 것이리라. 단지 돈을 많이 번다고 해서 참된 행복이 보장되지는 않는다. 하지만 돈의 노예가 아니라 돈의 주인이 된다면 행복한 삶의 첫 단추는 끼울 수 있지 않을까? 3년 안에 연수익 1억 원을 버는 일은 어렵지 않다. 1억 원을 벌겠다는 마음을 먹고 목표를 세우고 포기하지 않고 묵묵히 이루어나가면 된다.

마지막으로 개업 공인중개사에게 한 가지 조언을 하자면, '범생이처럼 실행력을 발휘하라'고 전하고 싶다. 아무리 좋은 마케팅도 실행하지 않으면 아무 일도 일어나지 않는다. 실행을 해보아야 개선점이 보이고 수정보완해서 더 좋은 마케팅을 펼칠 수 있다. 기본에 충실하고 계속해서 배우고 목표를 정해서 꾸준히 실행하는 일만이 성과를 낼 수 있는 유일한 방법이다. 자신의 잠재력을 믿고 꾸준하게 실행한다면 자신이 원하는 결과를 손에 넣을 수 있을 것이다.

전국민
1인 1토지
프로젝트

난생처음 토지 투자

이라희 지음 | 18,000원

**대한민국 제1호 '토지 투자 에이전트',
1,000% 수익률을 달성한
토지 투자 전문가 이라희 소장의 땅테크 노하우**

초저금리 시대, 땅테크가 최고의 재테크 수단으로 떠오르고 있는 지금,
전국민이 '1인 1토지'를 가져 재테크에 성공할 수 있도록 누구나 쉽게 실
천할 수 있는 실전 노하우를 담았다. 재테크를 전혀 해보지 않은 초보자
도 이해할 수 있도록 개발 지역 확인하는 법을 알려주고, 초보자가 꼭 봐
야 할 토지 투자 관련 사이트, 용지지역 확인하는 법 등 실질적인 노하우
를 공개한다. 나의 자금대에 맞는 토지 투자법, 3~5년 안에 3~5배 수
익을 내는 법 등 쉽고 안전한 토지 투자 방법을 담아내 누구나 '1,000만
원으로 시작해 100억 부자'가 될 수 있다.

돈 걱정 없이
사는 우리 집
재테크 노하우!

내 가족을 위한 돈공부

이재하 지음 | 13,800원

**"당신이 돈 공부를 시작하면 가정과 자녀의 미래가 달라진다!"
주식, 부동산으로 재테크 달인이 된 세 아이 아빠 이야기**

보험사의 FC이기도 한 저자는 수많은 부자를 직접 만났고, 또 금융상품
을 알아보러 온 부자가 되고 싶어하는 수많은 평범한 사람도 만나봤다.
그러자 부자는 왜 부자가 되었고, 가난한 사람은 왜 가난한지 알게 되었
다. 그 차이는 오직 돈을 대한 원칙이 있느냐에서 비롯되었다.
저자는 특히 평범한 사람은 부자가 될 수 없다는 비관론에 속지 말 것을
당부하며, 누구나 적은 돈으로 시작할 수 있는 부동산, 금융상품, 보험,
주식 등 돈이 돈을 불리는 시스템에 대해서 기초부터 차근차근 설명해준
다. 특히 이 책의 꽃은 자녀에게 어떻게 돈에 대해 가르치고, 가족이 돈
공부를 공유할 것인지를 알려주는 부분일 것이다.

5할 타율
유지하는 안전한
주식투자법!

난생처음 주식투자

이재웅 지음 | 13,800원

**'판단력'만 있으면 주식 투자 절대 실패하지 않는다!
차트보다 정확한 기업 분석으로 적금처럼 쌓이는 주식 투자법!**

쪽박에 쪽박을 거듭하던 저자가 전문 주식 투자자가 되기까지! 저자가 터득
한 가장 효과적인 공부법과 이를 바탕으로 실전에서 활용할 수 있는 효과적
인 투자 노하우를 담은 책이다. 1장에는 저자의 생생한 투자 실패담과 많은
주식 투자자들이 실패하는 이유에 대해, 2장에는 주식 투자에 밑바탕이 되
는 기본 지식 공부법과 습관에 대해 설명한다. 그리고 3장부터 본격적으로
주식 투자에 필요한 용어 설명, 공시 보는 법, 손익계산서 계산법, 재무제
표 분석법, 사업계획서 읽는 법, 기업의 적정 주가 구하는 법 등 투자에 필
요한 실질적인 노하우를 6장까지 소개하고 있다. 마지막 부록에는 저자가
실제 투자를 위해 분석한 기업 7곳의 투자노트가 담겨 있다.

하루 10분
재테크 공부로
돈이 붙는
체질 만들기

부자근육을 키워라

백승혜 지음 | 13,800원

**평범한 당신도 하루 10분 재테크 공부만으로
부자근육 키워 부자 되는 6단계 트레이닝!**

부자가 되고 싶은 마음은 굴뚝같은데 한 번도 계획을 지키지 못하는 이유는
뭘까? 바로 '기본기'가 없기 때문이다. 계획을 끝까지 밀어붙이고 부자가
되려면 재테크 '기술'을 익히기에 앞서 어떤 지식과 정보도 돈 되는 정보로
바꿔주는 '부자근육'을 가지고 있어야 한다.
《부자근육을 키워라》는 하루 10분 틈틈이 하는 재테크 공부만으로 부자근
육 만드는 법을 6단계로 제시한다. 부자가 되고 싶은 열망만 있고 시도는
해보지 못했거나 무엇부터 시작해야 할지 모르는 사람, 재테크를 시작했다
가도 금방 포기하는 사람이라면 이 책을 통해 탄탄한 내공을 다질 수 있을
것이다.